Gestaltungsgrundlagen

Gregor Lersch

der Floristik

anhand des gesteckten Arrangements

FDF

DONAU VERLAG

Inhalt

Fachliche Grundlagen für die Gestaltung mit Blumen

Dieses Buch versucht, eine fachgerechte Methode für die professionelle Gestaltung mit Floralien auf der Basis von mittlerweile weltweit anerkannten Gestaltungsrichtlinien zu entwickeln. Fachspezifisches Wissen wird systematisch geordnet. Lehrinhalte werden klar strukturiert und bilden somit die Grundlage für eine allgemein verbindliche Weitergabe von fachlichen Inhalten der Floristik. Eindeutig definierte Begrifflichkeiten sorgen für eine gemeinsame Sprache und erleichtern so die Kommunikation. Und das weltweit. Regeln und Vorschriften werden dabei allerdings weitgehend vermieden, um der persönlichen, floral-gestalterischen Entwicklung möglichst breiten Spielraum zu geben, lediglich den Gestaltungsprinzipien der Natur verpflichtet. Gelernt wird an der Natur und von der Natur. Florale Gestaltung basiert auf der Kenntnis der Pflanzen, ihrer Umgebung, ihrer Eigenschaften vom Wachstum bis hin zum Eintrocknen, egal ob sie die Natur nachahmt oder abstrahiert oder bewusst ignoriert.

Florale Gestaltung braucht Begriffe.

Die Gestaltungskategorien

Das vorliegende Schema der Gestaltungskategorien befasst sich zunächst mit den grundsätzlichen Ordnungsfaktoren: mit der Symmetrie und der Asymmetrie, die den Gestaltenden immer wieder vor die erste ganz wichtige Entscheidung stellen. Die Bewertung, ob nun die Pflanzen- oder Blumenanordnung nach den Gesetzen des natürlichen Biotops dargestellt werden, oder gar aus den floralen Individuen eine neue, vom Menschen gestaltete Form entsteht, beschreiben die Gestaltungsarten. Die dritte Kategorie der Gestaltung befasst sich mit der deutlichen Darstellung der Pflanzen, ihrer Blütenformen, Linien und Umrissfiguren. Das Schema zeigt, welche grundsätzlichen Linienverläufe in Werkstücken vorkommen können. Für die Orientierung des Lernenden werden dann die den Linienverläufen innewohnenden Gesetzmäßigkeiten definiert, was durch die Position des Wuchsmittelpunktes – auch Sammelpunkt genannt – näher beschrieben wird. Diese muss sich im Werkstück eindeutig erkennen lassen. Die Ausdehnung der Arbeiten im Raum, vom Wuchsmittelpunkt oder der Wachstumsebene aus betrachtet, wird in den sogenannten Proportionen beschrieben. Wo befindet sich der Wuchmittelpunkt? Wo der Fluchtpunkt? Und wie viele davon kann ein Werkstück haben?
Die Beschreibungen der Werkformen sollen helfen, die gestalterische Vielfalt nicht als eine chaotische Bilderflut erscheinen zu lassen, sondern sie logisch erklärbar zu machen. Das Schema soll die verschiedenen Gestaltungskriterien untereinander vernetzen, soll zeigen, was kompatibel ist und was nicht. Florale Gestaltung wird demnach beschreibbar, nachvollziehbar. Die florale Profession erhält eine eindeutige, allgemeinverbindliche Sprache ohne gestalterische Individualität einzuengen oder gar zu verhindern.

Eventuelle neue Begrifflichkeiten, die sich als sinnvoll erweisen, sind selbstverständlich dem Schema hinzuzufügen. Aus diesem Grund müssen die Gestaltungsgrundlagen alle paar Jahre wieder auf ihre Vollständigkeit überprüft und gegebenenfalls ergänzt werden. Nur so ist eine kontinuierliche Weiterentwicklung des Berufes möglich.

Gestalten heißt auch Ordnen. Vor allem da, wo der pflanzliche Werkstoff schon naturgeschaffen fertig ist, fällt dem Floristen hauptsächlich diese Aufgabe zu.

Die in diesem Buch aufgezeigten Gestaltungsbeispiele können immer nur Ausschnitte aus der riesigen Vielfalt der im Schema vorgestellten Variationsmöglichkeiten sein und selbstverständlich subjektive Interpretationen.

„Trockene“ schulfloristische Beispiele sind kaum möglich. Immer wieder schleichen sich eigene Vorlieben und Sichtweisen ein, wie z.B. die Freude an pflanzlichen Bewegungen oder weich machenden, strukturierenden Ranken und Fasern, die eindeutige Kriterien sanft verschleiern, harte Kanten brechen. Die Interpretationen können sehr weit bis an den Rand der nächsten Kategorie herangehen. Das bedeutet: Eine dekorative Arbeit z.B. kann sich sehr weit in das Feld des Formalen oder Vegetativen hineinwagen. Solange jedoch eine „Kategorie“ die Oberhand behält und dominiert, hat diese Gestaltung ein erkennbares Gesicht. Und nur darum geht es: nämlich die Erkennbarkeit der angewandten Gestaltungskriterien. Das Signifikante eines Werkstückes soll herausgestellt werden können, lehrbar werden.

Vielleicht können der Kreativität durch die klare Strukturierung floristischer Gestaltungsart und dem Aufzeigen von Kombinationsmöglichkeiten neue Impulse verliehen und dem reinen Kopieren von Werkstücken entgegengewirkt werden. Ziel ist es, durch die bewusste Entscheidung für eine Ordnungs- und Gestaltungsart, durch den eindeutigen Umgang mit Linienverläufen, der Positionierung des Wuchsmittelpunkts, den Proportionen und den Werkformen immer neue Anregungen zu schaffen, indem man sich der ganzen Breite des Spektrums bedient und eine ewig junge, da variantenreiche Floristik für sich selbst entwickelt.

Die Seele der Arbeit, mit der das Werkstück die Schönheit der Floralien erst richtig zur Geltung bringt, entsteht sowieso erst durch das eigene gestalterische Charisma, die Ausstrahlung des Gestaltenden. Um diese Elemente zu fördern, bedarf es zusätzlicher Faktoren wie Stilkunde, Farbenlehre, Kunst-und Designstudien, Architekturkenntnisse, Modeeinflüsse etc. Die Auseinandersetzung mit diesen Wissensgebieten und Stilelementen führt zur notwendigen allgemein-ästhetischen Bildung und zu der Erkenntnis, dass jede Gestaltungsarbeit ihre Geschichte hat und niemals geschichtslos sein kann.

Fundierte Kenntnisse kultureller Zusammenhänge verbreitern die Palette der eigenen Gestaltungmöglichkeiten ebenso wie Maßnahmen zur Persönlichkeits-und Kreativitätsentwicklung. Dieses Buch möchte die Floristik weg vom reinen Gespür, weg von der Genialität einiger weniger hin zu einer klar strukturierten, nachvollziehbaren und gleichzeitig Kreativität fördernden Gestaltung führen. Insbesondere um Lernen zu erleichtern, aber auch um sich weltweit problemlos zu verständigen.

Dieses Buch befasst sich nicht mit der emotionalen Seite des Berufes, sondern mit dem klar definierbaren grafischen Erscheinungsbild der Floristik.

Das Ordnungsschema der Gestaltungskategorien

Ordnungsart

- symmetrisch
- asymmetrisch

Gestaltungsart

- dekorativ
- vegetativ
- formal-linear

Pflanzlicher Linienverlauf – Anordnungsart

- radial
- parallel
- diagonal
- windend
- überschneidend
- frei angeordnet

Position des Wuchsmittelpunktes bzw. Sammelpunktes

- unterhalb des Gefäßes
- im Gefäß
- oberhalb des Gefäßes
- neben dem Gefäß

Anzahl und Anordnung der Wuchsmittelpunkte bzw. Sammelpunkte

- 1 Wuchsmittelpunkt bzw. Sammelpunkt
- mehrere Wuchsmittelpunkte bzw. Sammelpunkte
- mehrere Wuchsmittelpunkte bzw. Sammelpunkte frei angeordnet

Proportionen

- nach oben gerichtete Proportion
- nach unten gerichtete Proportion
- horizontal ausgerichtete Proportion
- diagonal ausgerichtete Proportion
- symmetrisch ausgerichtete Proportion

Werkformen

- strukturierte Form
- texturierte Form
- konstruierte Form
- objekthafte Form
- geschichtete Form
- gestapelte Form
- gewickelte Form
- verwobene Form
- gebündelte Form

Ordnungsart

Die erste und wichtigste Entscheidung, die der Gestaltende fällen muss, wenn er zum Werkstoff greift, ist die über die zugrunde liegende Ordnungsart. Hieran sind eine Reihe von Überlegungen geknüpft, die zunächst einmal die Umgebung des Werkstücks betreffen: Stil, Architektur, Zeitgeist oder Historie des Raumes beeinflussen die Entscheidung für die Ordnungsart. Soll das Werkstück offiziell oder mehr privat und intim wirken, emotional leicht oder getragener sein, beschwingt, sehr repräsentativ oder einfach nur spontaner Schmuck? Der überlegte Einsatz der Ordnungsarten hat Aussagekraft – er vermag Menschentypen nachzuzeichnen, Anlässe und Jahreszeiten zu reflektieren. Die Spannweite der möglichen Wirkungen reicht von nahezu soldatischer oder heraldischer Strenge bis hin zu unkonventioneller, freier Spontaneität.

Die Auswahl von Blumen und Gefäß(en), von eventuellen Schmuckgegenständen und Accessoires, bedarf eines sicheren Gespürs des Gestalters dafür, was wann wo für welche Gestaltungsart geeignet und angemessen ist. Häufig ist auch zu beobachten, dass Floristen durch die Eigenwirkung und Ausdruckskraft von Pflanzenteilen fasziniert werden und dann wegen unzureichender Beherrschung der Ordnungsarten oder schlicht durch mangelnde Konzentration die gestalterische Konsequenz aufgeben. Auch gibt es im Umgang mit den Ordnungsarten gewisse Graduierungen. So kann etwa starre Symmetrie im floristischen Sinne reizlos, leer und unnatürlich wirken. Hier kann das bewusste Spiel mit der Kombination beider Ordnungsarten helfen; wichtig ist jedoch, dass eine der beiden Komponenten gestalterisch klar dominiert und führt. Gerade auf solche eindeutigen Dominanzen kommt es an, wenn verschiedene Definitionen des Gestaltungsschemas miteinander kombiniert werden.

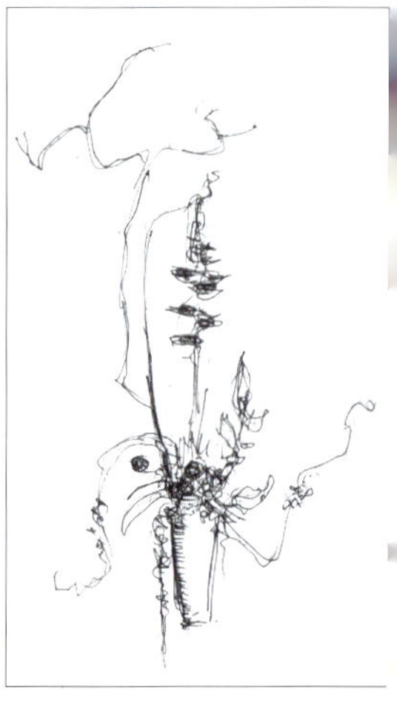

Symmetrisch

Symmetrie bedeutet Spiegelbildlichkeit, Deckungsgleichheit beider Hälften, die durch eine Mittelachse geteilt werden. Symmetrie bezieht sich auf Mengen, Dimensionen, optische Gewichtungen, aber auch auf Formen und Farben, die sich gleichwertig auf die zwei Hälften eines Raumes, einer Szene oder eines Bildes verteilen. Symmetrie wird auch „die strenge Ordnung" genannt, und sie findet ihre Wurzeln in den alten Hochkulturen dieser Welt. Sie hat durch das Mittelalter über die Klassik bis weit in dieses Jahrhundert hinein die Erscheinung des Offiziellen, Repräsentativen beherrscht und bestimmt: Die Kunst der Religionen, der Mächtigen und Herrschenden, das Umfeld der Macht und alle Gelegenheiten, zu denen Menschen zu feierlichen, kollektiven Handlungen zusammenkamen, fanden ihren charakteristischen Ausdruck immer in der Symmetrie.
In der Floristik stehen der Symmetrie oft ganz pragmatische Hindernisse entgegen, etwa natürliche Wuchsunterschiede oder -unregelmäßigkeiten der Werkstoffe. Die Mehrheit der Floralien ist nicht symmetrisch geformt, fast als forderten sie die gestalterische Freiheit der spontaneren Asymmetrie. Hier liegt es im Geschick des Floristen, entweder durch die Korrektur des äußeren Umrisses oder durch andere Gewichtungen den inneren Aufbau eines Werkstücks auszugleichen. Die symmetrische Ordnungsart hat den Vorteil, dass sich in ihr leichter eine vordergründige, direkte und beinahe mathematisch nachvollziehbare Balance herausarbeiten lässt. Dennoch erleichtert sie den Umgang und das versierte Spiel mit den Disziplinen nicht: Oft stellt diese Ordnungsart große Herausforderungen an das handwerkliche Geschick bei der Ausarbeitung gleichmäßigerer Umrisse und sauberer Symmetrie. Manchen Menschen fällt der Umgang mit Symmetrie leichter als anderen, sie ist oft eine Metapher für „Ordnung" – oder gar, wie die überlieferte Bezeichnung sagt, „die strenge Ordnung". In ihrer Wirkung ist sie meist nicht sehr großzügig, da sie kontrollierbarer und beherrschter scheint als ihr Gegenpart, die freie Gestaltung. Auch stellen symmetrische Arbeiten keine allzu großen statischen Herausforderungen dar – sie sind eher lagernd, in sich ruhend.

Asymmetrisch

In der Asymmetrie gibt es keine optische Mitte, keine Spiegelbildlichkeiten. Nichts ist gleichmäßig in der Asymmetrie; keine Ausdehnung, keine Form, keine Platzierung im Auf- oder Grundriss, kein irgendwie geartetes Gleichmaß – nichts kommt identisch, doppelt oder mehrfach vor. Das Gestalten in der Asymmetrie erfordert Disziplin, denn der Umgang mit der freien Ordnung verlangt eben auch immer nach Ordnung. Die Ordnung der Asymmetrie ist die Dreidimensionalität und darin wieder eine harmonische Proportion. So reicht zur Ausgestaltung einer asymmetrischen Arbeit nicht die simple Kombination von „viel" und „wenig" Werkstoff; Wirkung und Harmonie ruft erst das richtige mathematische Verhältnis hervor – 3:5:8 ist zum Beispiel ein solches. Eine weitere Schwierigkeit ist es, diese Relationen nicht reliefartig, sondern selbstbewusst plastisch in den Raum hinein zu gestalten. Der asymmetrische Raum und mit ihm das asymmetrische Werkstück, haben nur eine einzige Dominante – die Symmetrie hingegen kann viele solcher gleichwertigen Leitlinien haben.

Die Asymmetrie ist die bevorzugte Ordnungsart der Moderne und zeigt sich in vielen gestalterischen Erscheinungsformen. In der Architektur etwa braucht sie fast kein dekoratives Blendwerk: Ihr konsequenter Einsatz und die werkstoffgerechte Verarbeitung der Materialien genügen sich selbst.
Die Asymmetrie steht der Natur näher als die Symmetrie. Deshalb ist sie für die vegetative Gestaltung die einzig mögliche Ordnungsart, in der formal-linearen wirkt sie hingegen oft steif und statisch. Auch in den Farben eines Werkstücks wirkt die Asymmetrie konsequent weiter: In einem asymmetrischen Sujet sind unterschiedliche Farbmengen obligatorisch.

Gestaltungsart

Die Gestaltungsarten bezeichnen den Ausdruck eines Werkstückes (Schule Weihenstephan). Dies ist wohl der am besten geeignete Begriff zur Beschreibung der Gestaltungsarten im Umgang mit Pflanzen und Pflanzenteilen. Die Ziele und Resultate der drei hier benannten Definitionen – vegetativ, dekorativ, formal-linear – sind ganz und gar gegensätzlich und auch immer wieder kontroverse Themen zwischen den verschiedenen Schulen. Während die einen nur zwei Gestaltungsarten kennen, benennen die anderen drei, gar vier.
Die weltweit am häufigsten angenommene Dreiteilung scheint immer noch die sinnvollste zu sein, weil sie drei ganz unterschiedliche Motivationen der floristischen Gestaltung benennt.

Während auf der einen Seite Blumen und Pflanzenteile hier leicht zum Opfer menschlicher Schaffenskraft werden, beinhaltet diese Gestaltungsart andererseits die einmalige Chance, eine grenzenlose Kreativität auszuleben. Neue Figuren, Formen, gar florale Skulpturen können so entstehen, die niemals zuvor gesehen wurden, wenn sich der Gestalter nicht durch die Form der floralen Persönlichkeit einengen lässt oder einer naturnahen Darstellung der Blume verpflichtet fühlt.

Die dekorative Gestaltungsart ist die auf der Welt am häufigsten angewendete. Sie ist Brot und Butter für die meisten Floristen. Nur sollte sie nicht die Einzige sein, sonst führt die Arbeit in eine gestalterische Sackgasse. Denn die Unterordnung der Blume unter den menschlichen Willen kann auch das Ende der Gestaltungsvielfalt sein. Die Natur und der Platz der Blume in ihr sowie die Beachtung floraler Formen und Linien halten alle Wege für eine permanent kreative Gestaltung offen.

Dekorativ

Im berufsbezogenen Sprachgebrauch versteht man unter dekorativer Gestaltungsart eine füllige Anordnung der Flora. Die traditionelle, klassische Floristik präsentiert sich zumeist dekorativ.
Ein weiteres wesentliches Merkmal des dekorativen Stils ist die mehr oder weniger deutliche Beherrschung der Pflanzenteile durch die sie ordnende Hand. Das Gestaltungsresultat ist zumeist eine neu entstandene Gesamtform, die meist aus den Floralien Bausteine mit geringem Persönlichkeitsanspruch macht. Sie fügen sich ein und unter, werden von einer neu geschaffenen Form – wenn auch sehr harmonisch – absorbiert und verlieren weitgehend ihre Individualität, je nachdem ob die Form sehr ornamental gearbeitet ist oder eher schon wieder Wuchs und Linie der Pflanzen zeigt. Siehe hierzu auch das Kapitel „Graduierung".

Dekorative Arbeiten haben ganz eigene Zielsetzungen: Sie schmücken einen Raum, eine Ecke und vielerlei mehr. Sie wirken fast wie selbstverständlich, sind unaufdringlich, sind in der Lage Stimmungen zu heben, oft ohne bewusst wahrgenommen zu werden. Im Dekorativen folgt die Blume der gestaltenden Hand und wird Teil des Ganzen. Unterschiedliche Einzelfarben mischen sich zu einem neuen Farbeindruck. Oberflächen von Pflanzenteilen verschmelzen zu einem neuen Raster und ergeben ein verändertes Bild mit zum Teil überraschenden Effekten.

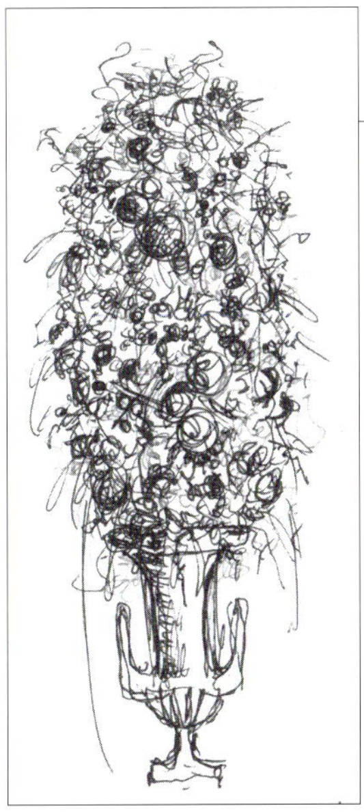

Vegetativ

Die vegetative Gestaltungsart meint eine Floristik, die dem Vorbild in der Natur entspricht. Ein Synonym für naturhaften, wuchshaften Umgang mit den Floralien. Formen und Linien werden naturnah interpretiert. Das beinhaltet sowohl die Vereinzelung von Floralien wie auch die Nachahmung von natürlicher Fülle. Oft werden ganze Vegetationsgemeinschaften in ihrer natürlichen Umgebung dargestellt: Ufer-, Heide-, Moor- oder Alpine Landschaften.
So brauchen die vegetativen Werkstücke auch möglichst schlichte und naturnahe Gefäße, die sozusagen den natürlichen Boden als Ersatz darzustellen vermögen. Dabei wird die Gestaltung des Bodens zur wichtigen Ergänzung des biotopartigen Milieus, das gerade dargestellt werden soll. Heidelandschaft hat Heideboden, Alpines beinhaltet Steine und ausgeblichenes Holz oder flaches Moos. Wüste braucht Sand und Steine. Manchmal kann die Darstellung solcher Vegetationsgemeinschaften für den Floristen zu einem Problem werden, nämlich dann, wenn die Angebotspalette des Marktes die entsprechenden Materialien nicht hergibt. Hier haben Gestalter Vorteile, die auf einen eigenen Garten oder die Natur in direkter Umgebung zugreifen können.

Die vegetative Gestaltungsart verlangt immer, die Pflanzen und ihre Teile ihrem natürlichen Wuchs entsprechend einzusetzen. Umkehrungen, seitliche Drehungen oder sonstige Verfremdungen der Pflanze haben hier nichts zu suchen.

Formal-linear

Die gebräuchliche, aber sprachlich etwas unglückliche Bezeichnung formal-linear könnte besser übersetzt werden als Form-Linie-Gestaltungsart. Denn sie will ausdrücken, dass die Form des Pflanzenteils und dessen Linien im Vordergrund dieser Gestaltungsart stehen. Nun hat sich dieser Begriff in der Vergangenheit eingebürgert. Aus diesem Grund soll er auch hier Anwendung finden.
Indem in der Formal-linearen Gestaltungsart das Hauptaugenmerk auf der Form und auf den Linien liegt, werden Blumen, Blättern, Zweigen bestimmte Plätze, Räume, Höhen, Positionen zugewiesen – je nach ihrem optimalen Wirkungsgrad im Zusammenspiel mit anderen. Leichtes gehört nach oben, Schweres nach unten, Spitzes nach außen, Rundes nach innen.
Dabei muss Rücksicht genommen werden auf eventuell sich störende, gegeneinander laufende Linien. Man könnte diese Art der Gestaltung fast als „Formenballett der Blumen" bezeichnen. Der Verlauf jeder Linie wird wichtig: Verläuft sie aktiv oder passiv? Unerlässlich ist somit das intensive Studium von Formen in der Pflanzenwelt. Denn hier erkennt man sammelnde, lösende, spielende Formen sowie Herrschaftsformen etc., jede Form erhält ihren Platz. Durch die unterschiedlichen Abstände einzelner Floralien zueinander entstehen Freiräume, die eine kreative Spannung erzeugen.
Ein höchstmöglicher Kontrast der Werkstoffe in Wuchs und Linie unterstreicht die grafische Wirkung dieser Gestaltungsart. So überschneiden sich Linien hier nie zufällig, sondern immer bewusst und intensiv, so dass vorhandene Formen in ihrer Wirkung nie gestört, sondern eher unterstrichen werden.

Die Formal-Lineare Gestaltungsart lehrt die Gestalter, mit den pflanzlichen Persönlichkeiten verantwortungsbewusst umzugehen, indem sie ihre Eigenheiten in Umriss und grafischer Substanz erkennen und entsprechend einsetzen. Es bedarf vieler detaillierter Kenntnisse und Erläuterungen sowie jeder Menge Übung, um auf diesem Gebiet ein/e Meister/in zu werden.

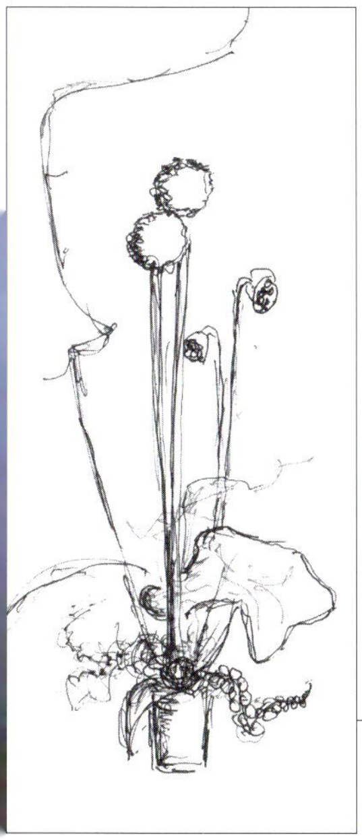

Linienanordnung

Die Art, wie die pflanzlichen Linienverläufe angeordnet werden, ist ein ganz wichtiges Ordnungskriterium beim Gestalten mit Blumen. Es beschreibt weniger, was mit den Blüten, Knospen und Beeren geschieht, sondern ausschließlich den Einsatz von Stielen, langen Blättern, Zweigen, Ästen, langen Wurzeln, eben jenen geraden oder gebogenen Pflanzenteilen, die mit ihrem „Körper" oder ihrer Maserung Dynamik erzeugen, die Richtung festlegen können, Linien zeichnen, grafisch darzustellen vermögen. Die Winkelneigungen, in der Linien eingesetzt werden können, hilft zu kategorisieren, dem Lernenden Variationen aufzuzeigen, dem bereits Wissenden neue und weitere Möglichkeiten mitzuteilen. Hinzu kommt natürlich auch, was diese Linie selber „tut", wie sie sich durch das Pflanzenteil artikuliert, sich windet, überschneidet oder ob einfach jeder geordnete Linienverlauf unterbleibt, und das Chaos der Winkel und Linienbewegungen zur Maxime erhoben wird. Trotz aller theoretisch beschreibbaren Grundlagen muss das Gefühl für den Umgang mit Linien erworben werden.

Die natürlichen Verläufe jeder einzelnen Floralie, die Einzigartigkeit des Individuums muss erkannt, studiert und erlernt werden. Dazu gehört viel Übung und eine langjährige Entwicklung. Ein Verzicht auf die Kenntnis der Natur ist undenkbar für die Floristik.
An unterschiedlichen Anordnungen erkennen wir radiale, parallele, diagonale, sich windende, sich überschneidende und frei angeordnete Linienverläufe.

Diese Skala könnte noch erweitert werden, z.B. durch spiralige oder gebrochene oder horizontale Linienverläufe. „Spiralig" ist jedoch eine Überschneidung von „Sich Kreuzen" und „Radial". Horizontaler Linienverlauf ist eine seltene Sondervariante vor allem bei Wanddekorationen. Sie könnte auch als Horizontal-parallel bezeichnet werden.

Radialer Linienverlauf

In diesem Begriff steckt vor allem die Erkenntnis, dass ein Fluchtpunkt vorhanden ist, von dem Linien ausgehen. Mit diesen Linien sind natürlich die Stiele oder Pflanzenteile gemeint, sichtbare Blutachsen, Gräser, Äste, Blumenstiele, die, von diesem Punkt ausgehend, in den freien Raum hinauslaufen.
Ob diese Linien nun unterschiedlich lang sind, über oder auch unter der Horizontlinie weiterlaufen, ist nicht relevant. Entscheidend ist der Radius, egal wohin er verläuft und wie weit er hinausläuft. Hier soll nicht die ganze mathematische Bedeutung des Begriffes radial eingebracht werden. Dies verwirrt nur den Lernenden im Umgang mit Floralem.

Ebenso ist der Winkel, in dem die Linien den Flucht- oder Wuchsmittelpunkt verlassen, zunächst nicht wichtig. Dies wird dann von der Gestaltungsart oder anderen Faktoren bestimmt.

Radialer Linienverlauf ist der am allermeisten angewandte. Vor allem althergebrachte Gestaltungsweisen sind von ihm geprägt. Man kann ihn am Aufbau so mancher Pflanze studieren (Farne, Nefrolepis- und Phoenixpalme).
Die Findung des Wuchsmittelpunkts kann durch direkten oder indirekten (imaginären) Linienverlauf stattfinden.

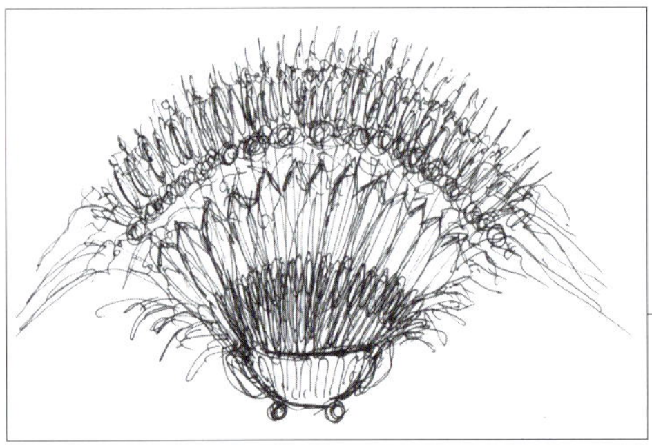

Paralleler Linienverlauf

Ein sehr konsequent mit Blumen gestalteter paralleler Linienverlauf beinhaltet eine gewisse Statik und verströmt wenig positive Spannung und ist für den Betrachter wenig erbaulich. Daher ist die Akzentuierung des Parallelen mit spontanen linearen, vegetativen, überschneidenden Ausdrucksformen sehr viel häufiger anzutreffen, als die reine Anwendung der mathematisch strikten Lehre. Allerdings ist diese grafisch sehr eindeutig, klar, oft dramatisch. Sie spricht eher Minderheiten an. Und sie bedarf einer deutlichen Entsprechung zu einem Thema oder einer Umgebung.

Paralleles kann sehr vielseitig interpretiert werden, solange die deutliche Mehrheit der Pflanzenteile senkrecht platziert ist oder ein großer Teil von ihnen sich parallel verhält. So zum Beispiel, wenn ein Grashalm schräg „aufsteigt", jedoch seine Blätter senkrecht (parallel) wieder nach unten fallen, wie beim Pampasgras (Cortaderia). Im Parallelen Linienverlauf ist ein besonders kreativer Umgang mit Abständen notwendig, da diese sich nicht wie beim Radialen von selbst erweitern und verändern. Parallelität braucht mehr Kreativität, keine starren Regeln zusätzlich, damit das florale Werkstück letztendlich doch noch zu einem Erlebnis wird. Schon das Spiel mit den Abständen schafft Unterhaltung für das Auge, Bewegungen innerhalb der starr geraden Pflanzenteile steigern die Wirkung noch. Hinzu kommt der variable Umgang mit Höhen.

Das verlangt konzeptionelles Arbeiten, z.B. nach den Regeln des Goldenen Schnitts.
Parallelität soll sehr stark an den äußeren Seiten auftreten. Wird die Mitte sehr betont, d. h. erhöht, verliert sie an Deutlichkeit und kann radial wirken: Dreiecks- oder Pyramideneffekt.

Der Vorteil des Parallelen Gestaltens liegt in der Möglichkeit, endlos lange oder breite Einheiten von Werkstücken zu gestalten, die harmonisch zusammenhängen, aber nicht gestückelt oder ineinandergeschoben wirken. Der Parallele Linienverlauf wirkt häufig wie eine Landschaft oder ein Garten und wird auch diesbezüglich oft bewusst eingesetzt.

Diagonaler Linienverlauf

Er ist der „schräge“ kleine Bruder des großen Themas Parallelität. Seltener Anwendung findend, beschreibt er die einseitige Neigung von Werkstücken, die weitgehend diagonal angeordnet sind. Sei es grafisch interessant im formal-linearen Bereich, naturnah vom Winde gebeugt im Vegetativen oder aber im Dekorativen einem Raum oder einer formalen Absicht untergeordnet. Auch Diagonales kann miteinander parallel verlaufen, daher die Nähe zu diesem Thema. Diagonal heißt auch spontan, ungewöhnlich, frech, losgelöst vom allzu Konventionellen, es reizt zum Hinschauen. Es kann „starken“ Gegenständen in der Umgebung des Werkstückes ausweichen, diskret Platz machen und trotzdem dezent schmücken. Diagonal kann z. B. auch die Anordnung von Texturen sein, kann sich aber auch in nach unten Abfließendem wiederfinden. Die Variationsmöglichkeiten dieses Linienverlaufs sind reichhaltig und spannend wie die anderen in dieser Kategorie.

Sich windender Linienverlauf

Den sich windenden Linienverlauf wird man eher in Naturnähe antreffen als in mehr dekorativ oder linear ausgeführten Versionen. Es sei denn, es wird eine dekorative Struktur geschaffen, wo sich windende Linien mit anderen Floralien überlagern, um eine neue Gesamtform aus verschiedenen pflanzlichen Formen entstehen zu lassen, was sicher eine reizvolle Möglichkeit ist, sich windende Linienverläufe darzustellen. Ein solches Sich-Winden schaffen am ehesten noch die kletternden Ranken, aber auch diverse Allium- und Papaverstengel, die diese dann begleiten.

Diese Art des Linienverlaufs ist auf jeden Fall zu unterscheiden vom „Wickeln", einer Werkform, in der Floralien oder auch Nichtflorales um einen Stab oder Stengel manuell eng gewickelt werden. Das Sich-Winden kann nach oben geschehen, kann aber auch nach unten fallen oder sich in horizontaler Richtung bewegen. Diese Variante des Linienverlaufs kann natürlich auch als Akzent oder Spannungsfaktor in Werkstücken, die durch andere Linienverläufe dominiert sind, eingesetzt werden. Zum Beispiel im Parallelen, wo das Auge für Abwechselung sicher dankbar ist, da es ansonsten nicht mit viel Spannendem verwöhnt wird. Größere Möglichkeiten zur Anwendung sind jedoch im Vegetativen zu finden, da, wo Natursituationen gestaltet werden. Dabei taucht allerdings immer wieder die Frage auf: Woher beschafft sich der Florist die entsprechenden Formen?

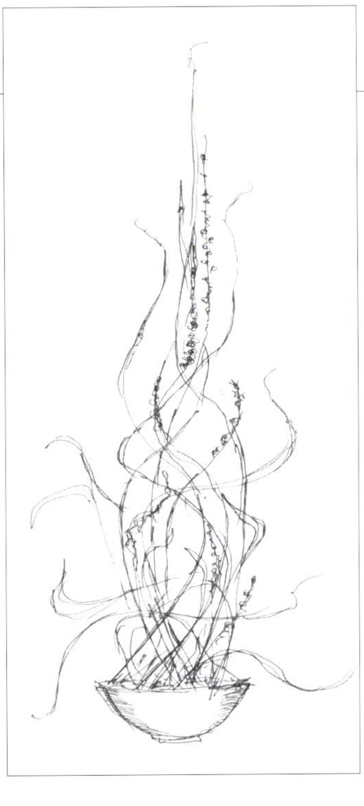

Sich überschneidender Linienverlauf

Hier wird es oft spannend, wenn die Linien der Pflanzenteile sich kreuzen, wenn Richtungskräfte gegeneinander fließen – wenn Blüten, Blattknospen, Blätter etc. aufeinander zuströmen, um sich teils verhakend, teils aneinander vorbeilaufend, vermischen. Dies geschieht meist bei einem flachen Winkel der gestellten, gesteckten oder gebundenen Floralien. Werden die Winkel steiler, kreuzen sich die Stiele grafisch interessanter. Besonders reizvoll wirkt die Überschneidung in der Asymmetrie. Hier erhöht sie die Spannung. Ebenso steigert sie die Wirkung bei blattlosen Stielen oder bei solchen, die ganz glatt in ihrer Oberfläche und nicht von Hand entblättert oder entdornt sind. Überschneidungen wirken in allen Gestaltungsarten interessant und ausdrucksvoll. Bei Tischdekorationen sind sie ein Medium, um auf kleinem Raum, bei relativ geringer Höhe, Aufregendes zu schaffen. Auch beim Umgang mit Topfpflanzen bieten sie eine gute gestalterische Hilfe, um faszinierende Formenspiele darzustellen.

Frei angeordneter Linienverlauf

Ein faszinierendes Thema, das nicht gestalterische Anarchie meint, sondern eine Möglichkeit bietet, in großer Leichtigkeit florale Formen über eine breite Fläche zu verteilen und die Dynamik auszuschalten, die durch wiederkehrende Linien entsteht. Dieses Fehlen von Liniendynamik kann „weich" machen oder auch ein wünschenswertes Chaos anrichten, das oft bei grafischen oder naturhaften Motiven erwünscht ist, geradezu gesucht wird.

Diese Form der Liniendarstellung ist alles andere als laienhaft, da nur die bewusste und gekonnte Ignoranz der „ordentlichen" Linienverläufe als ästhetisch und qualifiziert angesehen werden kann. Zum Beispiel: Ordnungsart – Gestaltungsart – Blickpunkt – Proportion und auch Werkformdefinitionen. Die aus dem vermeintlichen Durcheinander, in Wahrheit aber aus diszipliniertem Chaos entsteht, ist eines der aktuellsten und herausfordendsten floristischen Themen unserer Zeit. Der ungeordnete Linienverlauf steht auch im direkten Verhältnis zur Ordnung des Wuchspunktes. Entweder fehlt dieser hier ganz oder man bezeichnet den Ursprung einer jeden floralen Linie als Wuchspunkt. Frei angeordneter Linienverlauf ist hervorragend geeignet für alle Gestaltungsarten, eine Bereicherung für die Floristik. Der Verdacht, dass durch Rückschluss jeder zum fachlich versierten Floristen aufsteigt, der ein paar ungeordnete Linien ineinanderschiebt, ist völlig unbegründet.

Position des Wuchsmittelpunktes bzw. Sammelpunktes

Es ist für den Gestaltenden eines floristischen Werkstückes sehr interessant, von unterschiedlichen Positionen eines Sammel- oder Wuchsmittelpunktes auszugehen. Dies gilt vor allem für die vertikale Anordnung. Während man in der traditionellen Floristik hauptsächlich die Ansammlung von „Linearendpunkten" im Gefäß gesehen hat, haben sich doch einige reizvolle Alternativen in letzter Zeit dazu entwickelt. Dieses kleine Kapitel hat es sich zur Aufgabe gemacht, kreative Alternativen zu entwickeln und bewusst einzusetzen.

Wuchsmittelpunkt bzw. Sammelpunkt unterhalb des Gefäßes

Wenn sich die Linien von Floralien unterhalb des Gefäßes sammeln, entsteht oben im Arrangement mehr Raum für Formen: Winkel werden stumpfer und wirken beinahe parallel. So entstehen manchmal großzügige, auf die Mitte konzentrierte, säulenhafte Formen. Die Position des Wuchs- oder Sammelpunktes unterhalb des Gefäßes ist auch sehr interessant, wenn sich im Vegetativen wichtige Linien unterhalb des Gefäßes treffen und durch naturnahe Bodengestaltungen spielerisch hindurchlaufen, hindurchgehen. Auch wenn sich die Linien mehrerer Werkstückgruppen unterhalb des Gefäßes vereinen, entsteht eine schöne und natürliche Großzügigkeit.
Der Umgang mit solchen imaginären Bezugspunkten erfordert aber Training und Übung, bis man aus dem Bauch heraus mit solchen Faktoren der Gestaltung umgehen kann.

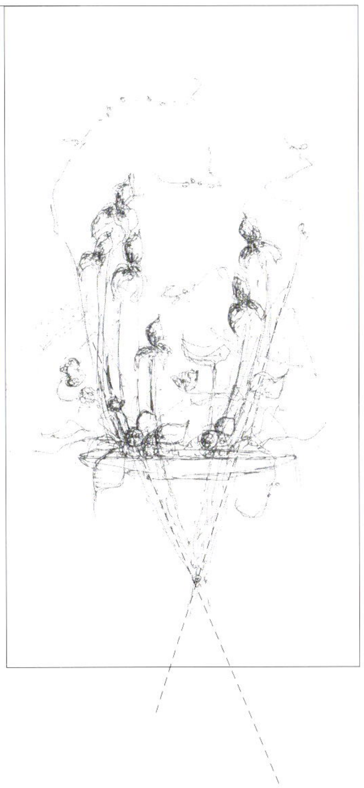

Wuchsmittelpunkt bzw. Sammelpunkt im Gefäß

Die gebräuchlichste Variante der Positionierung des Wuchsmittelpunktes oder Sammelpunktes ist die im Gefäß und immer noch hoch aktuell. Hier werden meist radiale Bilder geschaffen, die im oberen Bereich des Werkstückes nur wenige unterschiedliche Floralien zulassen, dafür aber um so stärker großzügige Einzelformen. Die Ansammlung im Gefäß ist optisch schnell und sicher erfassbar und stellt somit die leichteste Übung in dieser Kategorie dar. Wenn da nicht die Vielfalt der möglichen Gefäße wäre: Denn selbst in einer schmalen und hohen Vase zum Beispiel ist der Variationsspielraum erheblich. Da wird dann der Umgang mit gebogenen Stielen bemüht, um den Weg aus dem Gefäß heraus nach außen zu finden, wenn es sich um eine radiale Arbeit handeln soll. Durch „Graduierung" (siehe eigenes Kapitel) kann mit Veränderung und anderen Schwierigkeitsgraden gespielt werden.

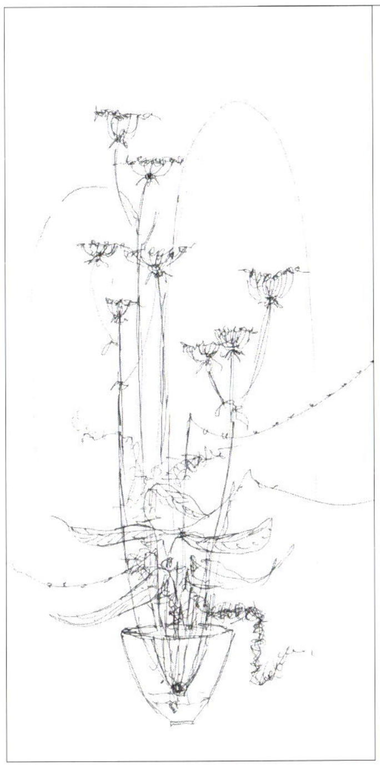

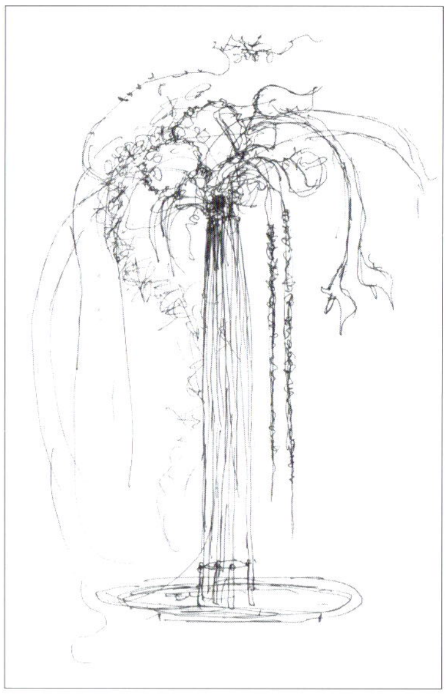

Wuchsmittelpunkt bzw. Sammelpunkt oberhalb des Gefäßes

Eine neue und ganz aktuelle Variante stellt die Position des Wuchs- und Sammelpunktes oberhalb des Gefäßes dar: die sogenannten Stehsträuße – wie sie in der Kunden- und Publikumssprache genannt werden. Gebundene, frei stehende Werkstücke arbeitet man mit dieser Positionierung des Wuchs- oder Sammelpunktes. Hochgestellt laufen Linien (Stiele) zu einem erhöhten Punkt, wo sie dann nochmals als die Linien des eigentlichen Werkstückes auseinandergehen, was erst das Arrangement als gestalterische Einheit ausmacht. Reizvoll ist bei den Stehsträußen die Möglichkeit, multirektional – nach allen Richtungen –, auch steil nach unten fallend zu arbeiten. Eine Schwierigkeit dieser Arbeiten ist vor allem die fehlende Nähe zum Gefäß, was dem Gestalter die Orientierung auch für Proportionen erschwert. Es fehlt ein wenig der gewohnte Halt und das statische Gefühl. Dennoch fasziniert diese Variante Menschen in allen Erdteilen, vor allem, weil hierzu oft Stellhilfen, sogenannte florale Aufbauformen, Grundformen, manchmal auch grob Gerüste genannt, erstellt werden, die viel Spaß bereiten, oft aber auch sehr zeitaufwendig sein können.

Wuchsmittelpunkt bzw. Sammelpunkt neben dem Gefäß

Die Positionierung des Wuchs- oder Sammelpunktes neben dem Gefäß kommt seltener vor, ist jedoch interessant für Buffet- oder Sideboarddekorationen oder auch für langgezogene horizontal ausgeführte Werkstücke, die stark nach links oder rechts streben. Außerdem kann mit dieser Positionierung Fallendes, Fließendes nach vorne oder hinten (je nachdem, wie man es sieht) hiermit gestaltet werden, damit es nicht zu spitz aus der „Gefäßaußenwand" heraussprudelt. Zudem kann man damit Linien außerhalb, hinter oder vor dem Gefäß imaginär beginnen lassen, um eine breiter angelegte Basis zu erhalten. Auch kann man so verhindern, dass abfließende Arbeiten nicht aus dem Gefäß senkrecht herausspringen müssen, was schon die Werkstoffauswahl erheblich einschränken würde. Denn dann könnte man nur noch wenige, hoch flexible Stiele, weich fließende Ranken oder gebogene, krumm gewachsene Formen verwenden (siehe Skizze).

Anzahl und Anordnung der Wuchsmittelpunkte bzw. Sammelpunkte

Der Wuchsmittelpunkt – auch Wuchspunkt genannt – bezeichnet im Vegetativen einen Punkt, aus dem heraus sich Linien – also Pflanzenteile – gemeinsam entwickeln, aus dem sie quasi herauszuwachsen scheinen. Im Dekorativen und im Formal-Linearen nennt man ihn Sammelpunkt. Der Begriff Ausgangspunkt ist dann angebracht, wenn es sich um den Beginn einer Linie im nicht radialen Sinne handelt, das heißt, wenn eine Linie allein steht oder auch mehrere Linien sich nicht in der direkten oder gedachten Verlängerung vereinigen – wie zum Beispiel im Parallelen.
Oftmals möchte man Werkstücke erstellen, die aus mehr als einer Einheit bestehen, um das Bild reicher, breiter, interessanter zu gestalten. Dann kann auf eine Kombination gleicher oder unterschiedlich dimensionierter Werkstücke zurückgegriffen werden, indem man mehrere Wuchs-, Sammel- oder Ausgangspunkte horizontal anordnet.

Die Abstände der einzelnen Werkstücke oder Werkstückgruppen sowie auch die Behandlung des Begriffes Höhe richten sich nach der Ordnungsart. Das heißt, in der Symmetrie können Abstände, Höhen oder Rhythmen gleich sein, während man in der Asymmetrie von der Anwendung des Goldenen Schnitts ausgeht: 3:5:8 als bestes Verhältnis der Gruppen zueinander. Präziser noch: In einem solchen Verhältnis dürfen die Abstände zueinander nie gleich sein, bestimmte Pflanzenteilhöhen nicht zwei- oder mehrmals vorkommen – zumindest nicht deutlich sinnfällig. Wichtig ist auch die Größenverteilung von Arbeiten mit mehreren Wuchs- oder Sammelpunkten. Hier könnte das Wort Größe besser durch Volumen oder Substanz ersetzt werden, denn jedes Werkstück besitzt nicht nur Höhe oder Breite, sondern dazu noch den Aspekt der Materialfülle: die Substanz. Auch diese Anwendungen richten sich nach der Ordnungsart.

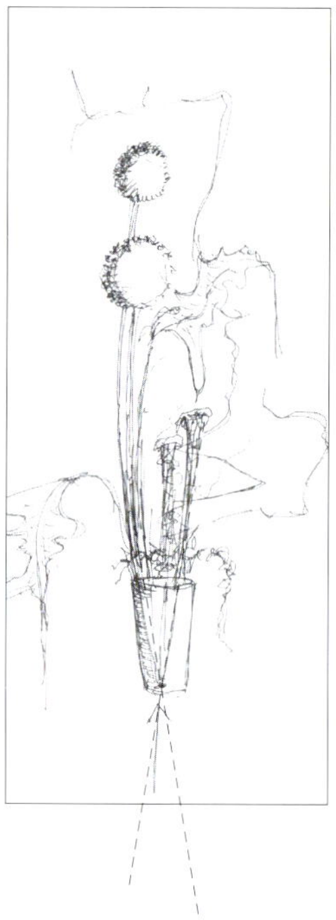

Ein Wuchsmittelpunkt bzw. Sammelpunkt

Das Arbeiten mit einem Wuchs- bzw. Sammelpunkt ist die am häufigsten angewandte Variante in dieser Gestaltungskategorie. Meist sind es radiale Werkstücke, bei denen der Wuchs- oder Sammelpunkt alle Linien auf sich zieht oder dieser von sich ausgehen lässt. Schon in der Antike gab es viele Werkstücktypen, die solch ein Zentrum beinhalteten. Angelehnt an den Aufbau der meisten Pflanzen, wie Farne, Palmen, Stauden, Büsche und viele andere Wuchsformen mehr, wiederholt sich deren dynamischer Wuchs in einem floristischen Werkstück mit einem Wuchs- oder Sammelpunkt. Der Mensch hat diese Sehgewohnheit angenommen und ist offen für etwas Florales, was sich mehr oder weniger extrovertiert darstellt. Auch ist das Sich-nach-außen-Öffnen über den Gefäßrand hinaus ein Zeichen von Leichtigkeit, ein Symbol für den kraftvollen Wuchs von Pflanzenteilen. Die Bewegungen von diesem einen Punkt aus können mal mehr aktiv, mal eher passiv, mal beschwingt oder auch mal aggressiv stechend, strahlig verlaufen.

Mehrere Wuchsmittelpunkte bzw. Sammelpunkte

Vegetative Arbeiten haben einen Wuchsmittelpunkt. Arbeiten der dekorativen und der formal-linearen Gestaltungsart haben mehrere Sammelpunkte, von denen ausgehend die Linien bewusst eingesetzt werden ohne die Absicht, etwas Naturnahes zu gestalten.
Hier erkennt man verstärkt die ordnende Hand, die der Pflanze ihren Platz zuweist und nicht rein natürlichen Vorbildern folgt. Sammelpunkte können in der symmetrischen und der asymmetrischen Ordnungsart eingesetzt werden – in gleichen oder auch in ungleichen Abständen voneinander. Das gilt sowohl für die Breite als auch für die Tiefe. Formal-Lineare Arbeiten mit mehreren Sammelpunkten erfordern höchste Konzentration – und das nicht nur bei der Werkstückauswahl.
Auch einige Werkformen können mehrere Sammelpunkte haben, sofern in den Werkstücksegmenten eine gewisse Tendenz zu erkennen ist, dass Linien auf ein Zentrum zulaufen. Siehe einige Beispiel in diesem Buch (S. 66, 75).

Mehrere Wuchsmittelpunkte bzw. Sammelpunkte frei angeordnet

Im Parallelen, Diagonalen, im Freien und sich überschneidenden Linienverlauf gibt es nur Ausgangspunkte: Punkte, von denen einzelne Linien ausgehen. Hier gibt es keinen gemeinsamen Bezugspunkt, in dem sich alle Linien treffen. Deshalb aber von fehlender Ordnung zu sprechen, wäre unangebracht. Auch die freie Anordnung ist ein Ausdruck von Entschiedenheit.

Auch in den Werkformen findet man Varianten, die keinen Wuchsmittel- oder Sammelpunkt brauchen. Die Werkstoffe beginnen oder enden irgendwo ohne erkennbares Zentrum. Gerade das Arbeiten ohne erkennbare Mitte bzw. gemeinsamen Bezugspunkt kennzeichnet die Floristik der letzten Jahre, in denen häufig mit frei angeordneten Linien sympathisiert worden ist. Selbst wenn die Blumen- oder Pflanzenteile ihre „Köpfe" oder „Sonstiges" in altbewährter Gruppierung zusammenstecken, müssen die Linien keine gemeinsame Quelle haben.

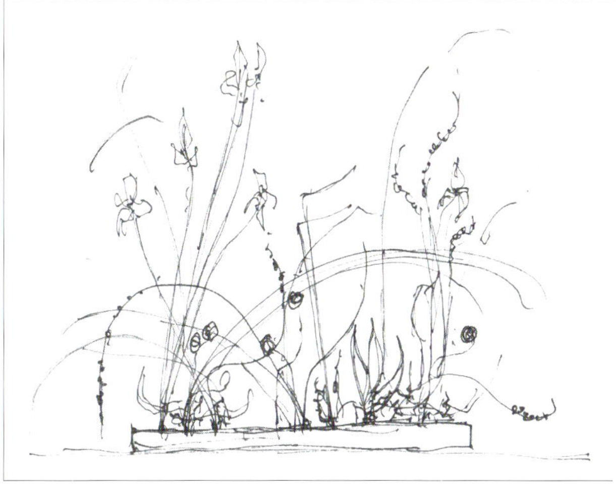

Proportionen

In der Gestaltung mit Blumen trifft man ein Übel besonders häufig an: die Missachtung von proportionalen Gesetzmäßigkeiten, wie sie etwa der Goldene Schnitt beschreibt. In der Floristik werden solche Regelmäßigkeiten in der Dreidimensionalität des Werkstücks angewandt; also für alle Richtungen, in die die Blumenmengen vom Standort des Werkstücks aus streben – aufrecht empor, senkrecht nach unten, in selteneren Fällen horizontal oder diagonal. Besonders bei asymmetrischen Arbeiten liegt der Schlüssel in der Konsequenz, deutliche Proportionen herauszuarbeiten. Asymmetrie ist eben das Gegenteil des Gleichmaßes, der übereinstimmenden Seitenlängen und Verhältnissen. Der Goldene Schnitt hilft sogar, die Proportionen der Asymmetrie mathematisch abzuleiten.

Proportionen sind für den Menschen ein wichtiger, wenn auch manchmal unbewusster Gradmesser von „Schönheit". Sie beherrschen selbst die Natur und bestimmen die ästhetische Qualität aller menschlichen Lebensbereiche, besonders in Kunst, Architektur und Design. Selbst bei filigranen, silhouettenartigen Arbeiten oder ihrem Gegenteil, der dichten, massiven Gestaltung, nimmt das menschliche Auge Proportionen wahr. Aufgrund seiner entscheidenden Bedeutung ist diesem Faktor auch eine eigene Kategorie innerhalb des Gestaltungsschemas gewidmet.

Mit dem Goldenen Schnitt steht ein einfach zu handhabendes Hilfsmittel zur Verfügung. Mit der Übung stellt sich auch ein gewisser Instinkt für harmonische Proportionen ein, so dass man elegant und routiniert damit umgehen kann. Proportionen sind als rhythmisierendes, gliederndes Gestaltungsmittel auf alles anwendbar – nicht nur auf Formen, Mengen und Ausdehnungen, sondern beispielsweise auch auf das gestalterische Spiel mit Farbanteilen.

Auch im Zusammenspiel mit anderen gestalterischen Kategorien wirkt die Proportion bestimmend: Wohin entwickeln sich Äste, Stengel, Halme von ihrem Wuchsmittelpunkt aus? Welche Linienverläufe, welche Flächen dominieren? All dies sind Fragen, die sich beantworten, wenn man das Werkstück als einen durch proportionale Verhältnisse bestimmten Körper begreift und gestaltet. Das Wissen um die rechte Proportion bereichert das Gestaltungsspektrum um eines seiner elementarsten und expressivsten Mittel. Klar definierte Proportionen erschließen nicht nur eine Vielzahl an Varianten – sie definieren auch die logische Ausdruckskraft einer Arbeit.

Nach oben gerichtete Proportion

Die Ausdehnung in die Vertikale ist die populärste proportionale Variante. Sie folgt elementaren Regelmäßigkeiten – zu allererst der natürlichen Anmutung der Einzelblume, aber auch der aufrechten Gestalt des Menschen – und kommt damit uralten Sehgewohnheiten entgegen. Klassische floristische Arbeiten wie pyramidenförmige Gestecke, hohe Sträuße etc. zeigen sehr oft die aufrechte Proportion.

Ob symmetrische oder asymmetrische Arbeit, die aufrechte Proportion bringt Spannung ins Werkstück. Doch dabei ist es wesentlich, dass in die Bewegung der Floralien von ihrer Standfläche auf Boden, Tisch oder Ständer aus eine vitale Dynamik, ein Emporstreben eingearbeitet wird. Der Linienführung kommt hierbei allerdings nur wenig Bedeutung zu; schließlich können auch Texturen dynamische Aufwärtsbewegung verkörpern ohne dass Linien in ihnen eine wahrnehmbare Richtung vorgeben.

Arbeiten in aufrechter Proportion suggerieren Erhabenheit, wirken repräsentativ, manchmal statisch und fordern dem Betrachter einen gewissen Respekt ab. Sie sind sehr vielseitig, verlangen sie doch weder eine bestimmte Ordnungs- noch Gestaltungsart.

Übrigens können die Proportionen hier auch übersteigert und überzeichnet werden: Durch Längenverhältnisse wie z.B. 3:6:10 entstehen spannende und dramatische Extremformate. Doch auch die Verdichtung zu kompakteren Werkstücken lässt diese Spielart der Gestaltungskategorie schlüssig zu.

Nach unten gerichtete Proportion

Diese Arbeiten müssen erhöht stehen oder von der Wand oder der Decke herabhängen. Bei symmetrischen Arbeiten stehen für diese Proportion faktisch nur zwei Dimensionen zur Verfügung: Die Ausdehnung nach unten muss mit der Breite des Werkstücks identisch sein.

In der Asymmetrie hingegen regiert konsequenterweise wieder der Goldene Schnitt, wobei die dominante Größe meist die Ausdehnung nach unten ist. Sie kann selbstverständlich auch in extremeren Maßverhältnissen (z.B. 3:6:10) oder Verdichtungen variiert werden.

Besonders beim Gestalten für Säulen, Altäre, höhere Möbelstücke oder für frei hängende Arbeiten im Bereich des Wand- und Raumschmucks kommt die nach unten gerichtete Proportion zum Einsatz. Bei den meisten Arbeiten befinden sich Blickpunkt, Sammel- oder Wuchspunkt im oberen Drittel des Werkstücks, doch ist dies keine Bedingung: Beim Arbeiten in bestimmten Werkformen wie Texturen oder Strukturen kann er auch anders positioniert werden. Dichte oder Transparenz der Werkstoffe können die Normen ändern.

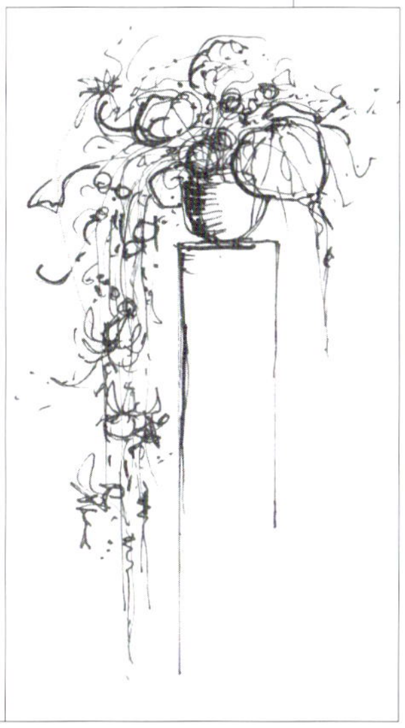

Horizontal ausgerichtete Proportion

Auch hier hilft wieder der Goldene Schnitt mit seinem Verhältnisschlüssel 8:5:3, wobei der dominanten Horizontale natürlich der höchste Wert zugewiesen wird. Durch Übersteigerung der Maßverhältnisse lassen sich auch bei Werkstücken mit horizontaler Proportion beeindruckende Effekte erzielen. Anlass solcher Modifikationen können etwa Farbe, Dichte oder Transparenz der Werkstoffe sein.
Die horizontale Proportion kann an der Längs- oder Querseite des Werkstücks aufgebaut werden. Zusätzliche Spannung entsteht aus der Position des Blick-, Wuchs- oder Sammelpunktes; Er kann symmetrisch, aber auch asymmetrisch platziert werden. Für Arbeiten in den Werkformen ist dieser Aspekt zwar untergeordnet, doch sein Einsatz kann auch hier optisch reizvoll sein.

Werkstücke mit horizontaler Ausrichtung sind ideal für die Dekoration von Tischen und Tafeln, Truhen, Sideboards oder anderen, nicht zu hohen Flächen.

Diagonal ausgerichtete Proportion

Sie wird so selten angewandt, dass sie nahezu als theoretische Disziplin anzusehen ist. Da die Grundfläche einer Arbeit meist auch mit einem „Wasserspiegel“ zusammenfällt, kann ein Werkstück nur mit trockenen Werkstoffen oder unter Einsatz von Wasserreservoirs, etwa Röhrchen, zu einer diagonal ausgerichteten Proportion gearbeitet werden.

Diagonale Proportionen können besonders reizvoll sein, wenn sie mit der Architektur des umgebenden Raumes Kontakt aufnehmen und die Schräge einer Treppe, einer Wand oder eines anderen Details nachzeichnen (siehe Skizze).

Symmetrisch ausgerichtete Proportion

Bei der symmetrischen Proportion ist die Ausdehnung der Arbeit in Breite, Höhe und Tiefe identisch: Um das Zentrum des Werkstücks herum entwickelt sie sich gleichmäßig in alle Dimensionen. Kugel und Kubus sind solche perfekt symmetrischen Objekte, sehr klassische floristische Arbeiten kommen diesen Vorlagen nahe. Arbeiten mit symmetrischen Proportionen können mit jeder Linienführung umgesetzt werden, die das Gestaltungsschema anbietet; auch die unterschiedlichen Werkformen sind darstellbar. Dennoch liegt im Gleichmaß der symmetrischen Proportionen wenig Spannung, und deshalb sollten hier andere Gestaltungselemente für optischen Reiz sorgen: Farbe, Verdichtung, Transparenz beispielsweise oder einfach nur eine spannungsreiche Werkstoffkombination. Symmetrische Arbeiten werden meist als formaler Kontrapunkt in unruhigen Umgebungen eingesetzt; oft zitiert die Symmetrie auch die Form des Gefäßes.

Soll asymmetrisch gearbeitet werden, muss die Ausdehnung in die räumlichen Dimensionen ungleichmäßig sein. Die Aufteilung nach den Regeln des Goldenen Schnitts im Verhältnis 8:5:3 sorgt für Harmonie im Ungleichgewicht.

Werkformen

Immer dann, wenn Pflanzenteile eine Verarbeitung erfahren, die über das normale Anordnen in Steckhilfen hinausgeht, spricht man von Werkformen. Doch darüber hinaus verfügt dieser Begriff über weitere Merkmale, die ihn zugleich näher erläutern:

1.) extreme Verdichtung nebeneinander
2.) übergreifende Anordnung in- und übereinander
3.) feste Wickelung mit- und aneinander
4.) zusammengestellt, -gesteckt, -geklebt zu festen Paketen oder Blöcken
5.) konstruiert aus Pflanzenteilen zum Zwecke einer eigenen Ästhetik oder einer Halte- bzw. Führungsfunktion für Blüten und andere Pflanzenteile
6.) übereinandergeschichtet oder -gefädelt
7.) miteinander verwoben oder verflochten
8.) gebündelt

Die permanente Veränderung und Erweiterung der Werkformen hat die Floristik der letzten Jahre in kreativer Bewegung gehalten. Sicherlich wird auch die Zukunft noch weitere Handhabungen, Techniken und Ideen hervorbringen.
Arbeiten in Werkformen erforden ein gründliches Studium der Vielfalt von Werkstoffen, damit sie nicht wirken, wie von der menschlichen Hand geschädigt, gezwungen oder beeinträchtigt. Dabei ist natürlich das Wickeln einer Faser etwas anderes als das Quetschen eines Blattes oder einer Blüte. Werkformen, nur vordergründig eingesetzt, können leicht kunstgewerblich wirken. Deshalb Vorsicht vor Übertreibung und Elegie: Hier kommt es auf Entsprechung und Angemessenheit an, auf Feingefühl für Anlass, Raum, Personen und viele andere Faktoren.
Werkformen eignen sich generell hauptsächlich für die dekorative Gestaltungsart. Nur in seltenen Fällen setzen Werkformdetails Akzente in Werkstücken der formal-linearen Gestaltungsart.

Strukturierte Form

Strukturierte Arbeiten lassen den Blick des Betrachters bis ins Innere der Werkform dringen. Strukturen bezeichnen den inneren Aufbau eines Werkstücks, akzentuieren ihn und machen ihn nachvollziehbar. Die Anordnung der Pflanzenteile durchbricht dabei die Sehgewohnheit der traditionellen Floristik, wie sie etwa der „extrovertierte", sich strahlartig dem Betrachter öffnende Strauß verkörpert. Man könnte strukturierte Arbeiten deshalb als „introvertiert" bezeichnen: Die Gestaltung entwickelt sich innerhalb einer angedeuteten, begrenzenden äußeren Form. Im inneren, freien Raum schaffen Strukturen Plastizität, mehrdimensionale Bewegung: ein Spiel mit Schatten, Tiefe, mit Linienverläufen, mit teilweisen Verdeckungen und Überschneidungen.
Die äußere Form der Struktur muss recht statisch, deutlich definiert und für das Auge als Grenze zwischen innen und außen erfassbar sein. Umso vitaler und spannungsreicher darf sich die Gestaltung im freien Raum zeigen. Dieser formale Kontrast zwischen innen und außen ist wesentlich für die Ästhetik des Werkstücks, die sich aus der Harmonie von Ruhe und Aktivität entwickelt.
Strukturen können per definitionem nicht formal-linear sein, da diese Gestaltungsart immer nur wenige Werkstoffe einsetzt. Dennoch können formal-lineare Sujets durch Überschneidungen und „introvertierte" Linienführung strukturierte Werkformen zitieren.

In der zeitgenössischen Floristik finden sich mehr Strukturansätze denn je. Früher war es verpönt, die Linienführung von Pflanzenteilen sich überschneiden zu lassen. So waren noch die 60er und 70er Jahre sehr formal-linear orientiert. Danach jedoch lösten Strukturen diese Gestaltungsvorliebe ab: florale Arrangements, die wie auf sich selbst konzentriert scheinen, statt vor dem Betrachter zu posieren.
Strukurierte Werkstücke werden oft übertrieben gearbeitet, es wird zuviel übereinander gestaltet, so dass unten liegende Floralien ganz verschwinden. Auch werden beim Gestalten mit Strukturen allzu oft Blüten in der begrenzenden Form „eingesperrt": Doch farblich oder formal Wichtiges sollte die Oberfläche der Arbeit erreichen dürfen, um von dort die Aufmerksamkeit des Betrachters nach innen zu leiten.

Texturierte Form

Texturen sind feste Verbindungen von Materialien. Im Ordnungsschema bezeichnet der Begriff der Textur eine Gestaltungstechnik, die Werkstoffe zu festen, geschlossenen Oberflächen verarbeitet – dicht an dicht gesetzt, ohne Tiefen, ohne Überlagerungen. Die Pflanze wird ihrem vegetativen Kontext enthoben, der gestalterische Wille überführt sie in neue, artifizielle Zusammenhänge. Texturen finden vor allem in der dekorativen Floristik Anwendung. Die vegetative Gestaltung mit Texturen ist zwar theoretisch möglich, faktisch findet sie jedoch eher selten Anwendung.

Die einfachste Form der Textur führt gleiche Blätter, Blüten oder andere Pflanzenteile zu einer teppichartigen Fläche zusammen, ohne Muster oder Mischung. Doch die recht statisch und kompakt wirkende texturierte Werkform lebt erst durch die verschiedenen Formen der Darstellung:

1.) Die Gestaltung rückt die der Pflanze eigene Textur bzw. Oberfläche in den Vordergrund. Dabei werden Pflanzenteile symmetrisch oder frei arrangiert: gesteckt, gestreut, gelegt, geklebt oder mit floristischen Drahtklammern geheftet.
2.) Die Pflanzenteile können auch zu farblichen oder figurativen Mustern gearbeitet werden, die neue, überraschende Optiken erzielen – ähnlich, wie auch gedruckte oder digitale Bilder aus einzelnen, dicht aneinander gesetzten Farbpunkten erzeugt werden.
3.) Zur Variation der texturierten Werkform gehört auch das bewusst gestaltete Ornament. Die Bandbreite reicht dabei bis hin zur gegenständlichen Darstellung von Objekten oder Szenen. Das ornamentale Gestalten in der texturierten Werkform bringt klassische, von religiösen oder folkloristischen Motiven und Vorlagen beeinflusste Blütenteppiche hervor, die sich etwa als Dekor für Wände und Flächen eignen. Doch auch in Schalen gesteckt, lassen sich originelle Optiken erzielen.
4.) Texturen aus floralem Material können auch Körper wie Kugeln, Kuben, Stäbe oder frei geformte Objekte bedecken.
5.) Texturierte Elemente eignen sich schließlich auch für die Kombination miteinander wie auch mit anderen Gestaltungsarten – bei unruhig wirkenden Arbeiten schafft ihre statische Anmutung optische Ruhepunkte.

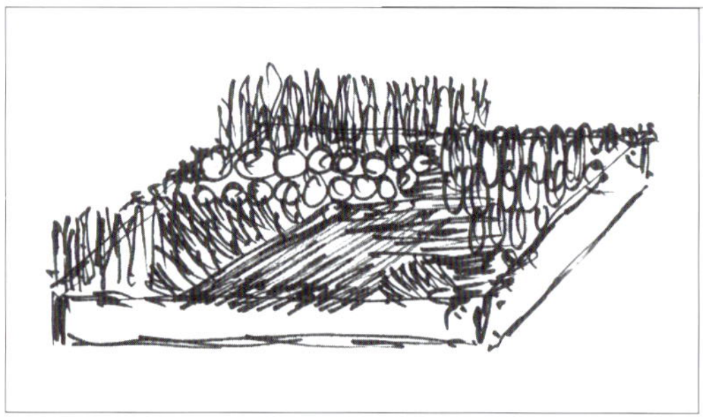

Konstruierte Form

Hier handelt es sich um „Bauwerke" aus Stäben, Zweigen, gebündelten Floralien und vielen anderen Materialien, ineinandergesteckt, gebunden, gedrahtet, geklemmt oder gewickelt. Die konstruierte Werkform kann formal, gegenständlich oder auch spontan frei gestaltet sein. Doch Konstruieren mit Floralien verlangt technische und statische Fertigkeiten – sie wollen systematisch erworben sein, damit das Werkstück nicht wackelt oder gar umkippt. Bei dieser Werkform stehen die Konstruktion und die für sie verwendeten Pflanzenteile im Zentrum der Aufmerksamkeit, Blühendes wird eher sparsam als Akzentuierung eingesetzt. Es empfiehlt sich, die Mengenverhältnisse dieser beiden Bestandteile klar zu definieren: Denn eine Konstruktion als Unterlage, die von Floralien weitgehend verdeckt wird, gerät zum Bestandteil einer Struktur.

Konstruierte Werkstücke müssen nicht statisch wirken, sie können auch raumgreifend und dynamisch gearbeitet werden. Doch es wäre phantasielos, für Konstruktionen immer auf naheliegende Werkstoffe wie Weiden- oder Bambusstäbe zurückzugreifen: Die Fülle der Materialien ist schier unerschöpflich. Viele Möglichkeiten erschließen sich schon aus den Qualitäten verschiedener Floralien, was Stabilität, Tragfähigkeit, Flexibilität etc. angeht.

Die Floralien können in Schaum gesteckt, lose eingestellt, gerankt oder gewunden werden. Es gibt auch die Möglichkeit, sie mit Wasserreservoirs (Röhrchen) aus organischem oder künstlichem Material zu versehen – so können sie, losgelöst vom Gefäß, frei in der Konstruktion angeordnet werden.

Konstruierte Werkformen kommen übrigens auch ganz ohne Blumen und Blätter aus: Vielfach sind andere florale Bestandteile in ihrer Farbigkeit und Textur so attraktiv, dass schöne und überzeugende Werkstücke entstehen.

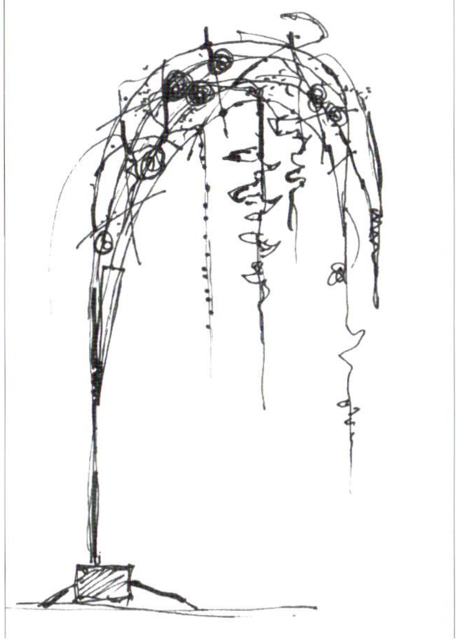

Objekthafte Form

Das Wort „objekthaft" wurde eigenwillig, aber bewusst von Peter Assmann in einer seiner Publikationen benutzt (Objekte – Donau Verlag). Im weitesten Sinne können so Werkstücke definiert werden, die als Collagen, Assemblagen, Plastiken, frei kombinierte Arbeiten möglichst ganz oder zumindest anteilig floralen Ursprungs sind. Vielerlei Darstellungen, meist sehr spontane oder auch gedanklich tiefgründige Artikulationen mit Pflanzenteilen, sind so seit Mitte der 80er Jahre entstanden. Die Motive sind oft rein künstlerischer oder allegorischer Natur. Bedeutungen sind nicht immer vordergründig. Oft beflügeln sie die Phantasie, bringen Menschen zum Nachdenken, erinnern sie an etwas, führen Reaktionen herbei, die nach rein ästhetischen Gesichtspunkten ausgeführte Arbeiten nicht unbedingt hervorrufen. Im Zuge der Vielfalt künstlerischer Aktivitäten wie Ausstellungen, Vernissagen, Präsentationen machen haltbare Varianten des Objekthaften absolut Sinn und bieten bei solchen Veranstaltungen die Chance kultureller Bereicherung. Denn Darstellungen mit der Pflanze entwickeln immer eine gewisse Eigenständigkeit. Objekthaftes Arbeiten hat keine klaren Regeln wie die anderen Werkformen. Spontanes, Impulsives, Freies wirkt hier vordergründig.

Geschichtete Form

Bei dieser Werkform werden Pflanzen und Pflanzenteile auf die unterschiedlichsten Arten über-, neben- und aneinandergeschichtet.
Die Möglichkeiten der Befestigung sind dabei überaus zahlreich – man kann die Floralien stecken, legen, drahten, auffädeln, schichten, sogar aufspießen. Die Gestaltungsvarianten sind so vielseitig, dass mit der geschichteten Werkform Arbeiten mit ganz unterschiedlichen Anmutungen und Wirkungen gestaltet werden können.
Auffädelungen von Blättern, Blüten und Früchten lassen sich als frühes Schmuckelement bis in die Antike zurückverfolgen; im alten Ägypten waren sie ebenso Bestandteil der Alltagskultur wie etwa im präkolumbianischen Amerika. Auch in vielen zeitgenössischen Kulturkreisen findet man Auffädelungen mit zum Teil sehr spezifischen Ausprägungen: Im Mittelmeerraum, aber auch beispielsweise auf Hawaii werden Gewürze, Früchte und Gemüse zu dekorativen Ketten gefädelt.
Geschichtete Werkstücke sollten aus leicht zu trocknendem oder bereits trockenem Material gefertigt werden. Sie eignen sich ohnehin hervorragend für die Trockenfloristik, etwa, um Wandarbeiten neue, ungewöhnliche Impulse zu geben. Allerdings gibt es auch Werkform-Varianten – sehr dicht geschichtete Floralien etwa – die schon durch den Feuchtigkeitsaustausch im Werkstück relativ einfach frisch zu halten sind.
Geschichtetes wirkt auch in der Kombination: Als kompakte Massen oder Körper können Schichtungen zu unruhige florale Arbeiten ausgleichen und harmonisieren.

Gestapelte Form

Der Begriff der gestapelten Werkform ist im deutschen Sprachraum weniger bekannt als etwa in Holland oder Belgien. Er beschreibt Werkstücke, die weitgehend aus einem oder nur sehr wenigen verschiedenen Werkstoffen bestehen, die auf sehr kreative Art und Weise gestaltet werden. Das heißt, die verschiedenen Form- und Platzierungsmöglichkeiten, die diversen Seiten und Ansichten einer Floralie müssen herausgearbeitet werden. Eine starke Einschränkung der Gestaltungsbreite, die eine enorme Herausforderung darstellt. Der gestaltenden Hand verbleibt vor allem die Möglichkeit einer strengen Trennung des jeweiligen Ausdrucks durch Blockbildung – man könnte es auch Mondrianismus (holl. Maler und Gestalter der Bauhauszeit, 20er Jahre) nennen. Dieses Ineinanderstapeln des Werkstoffes in verschieden große Blöcke oder Flächen erinnert oft an die Grundrisse eines Bauplans bzw. An- oder Aufsichten einer Stadt. Diese Form ist nicht locker, nicht natürlich, bietet aber eine Möglichkeit, modern mit viel Werkstoff zu arbeiten – mit Floralien auch der einfachsten Art, die durch Stapeln oder Verdichten eine neue Wirkung als Einheit erhalten. Sinn macht diese Werkform vor allem dann, wenn sie in einem kleinteilig unruhigen Umfeld steht.

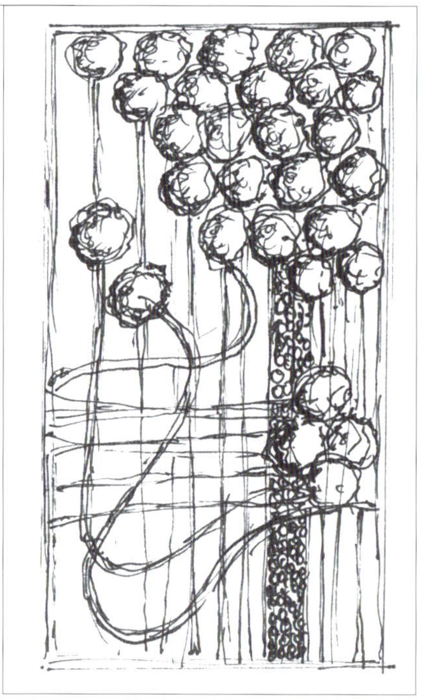

Wandbild aus getrockneten Allium

Gewickelte Form

Gewickelte Arbeiten boomten vor allem in den 80er Jahren: Zunächst wurden sie mit rein floralen Werkstoffen gearbeitet, zunehmend aber auch mit Draht, Wolle, Lederbändchen, sogar Folien- und Metallstreifen kombiniert. Doch diese Werkform wurde überstrapaziert und geriet fast zu einer Manie. Nachdem das Thema sich durch diesen Massengebrauch nahezu abgenutzt hatte, kehrt es heute wieder in die Floristik zurück – sinnvoll und maßvoll dort eingesetzt, wo Gewickeltes ästhetisch überzeugen kann. Die gewickelte Werkform kann aus unterschiedlichen Motiven eingesetzt werden:

1.) um ganz folgerichtig die authentischen und praktischen Funktionen der Werkform zu nutzen – also um etwas zu befestigen.
2.) um wenig ausdrucksstarken Pflanzenteilen wie Stäbe, Äste, Röhren durch die Wickelung ein verändertes Aussehen zu geben und sie so optisch zu überzeichnen und zu betonen.
3.) um dem freien Wuchs des Pflanzlichen noch das sichtbare Zeugnis der gestaltenden Hand hinzuzufügen und einem Werkstück dadurch einen bewusst kunsthandwerklichen Look zu geben.
4.) um stumpfe Enden von Aststücken oder Stengeln zu spitzen Formen auslaufen zu lassen.

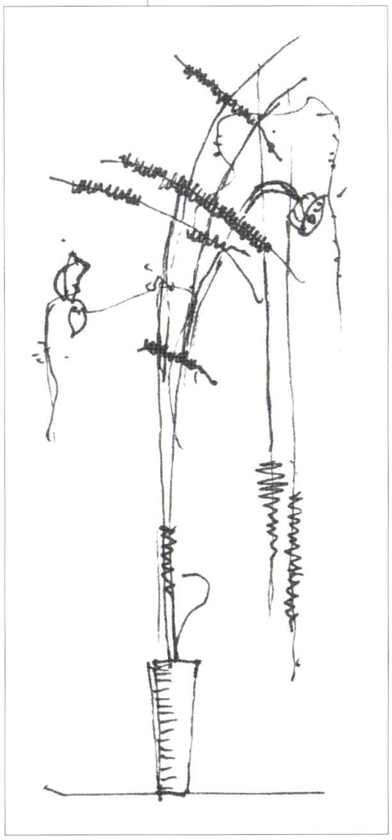

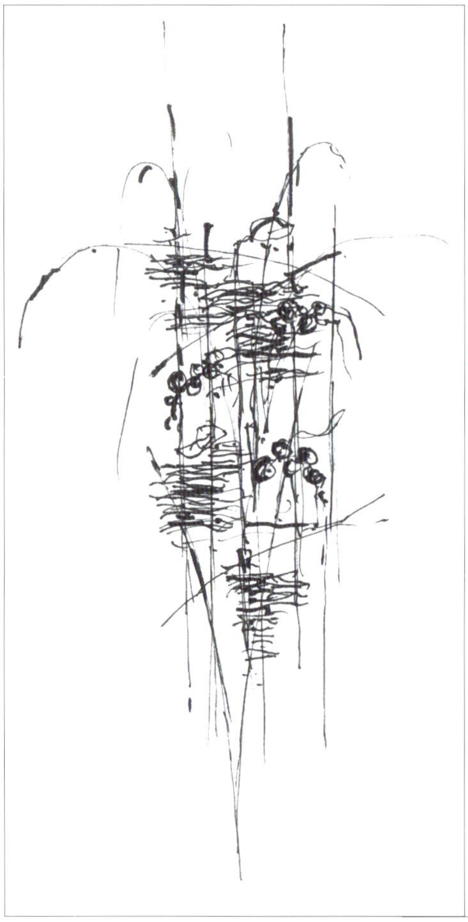

Mit Flechtpartien im Hängeteppich

Verwobene Form

Wie fast alle Werkformen haben auch verwobene Arbeiten in der Vergangenheit Phasen großer Popularität erlebt, in denen sie überstrapaziert oder übertrieben oft angewandt wurden. Doch solche Auswüchse liegen wohl in der Natur der menschlichen Faszination für Neues, für gestalterische Herausforderung.

Schließlich bietet die verwobene Werkform auch eine Menge von Möglichkeiten, Floristik interessant und vielseitig zu machen, den Betrachter zum Hinschauen zu verführen:

1.) Zunächst gibt es die Möglichkeit, ganze Werkstücke zu verweben oder zu verflechten: statisch fest miteinander verbunden oder einfach nur locker ineinander verwoben. Frisch, trocken oder gemischt in den Werkstoffen, mit oder ohne eingearbeitete Wasserreservoirs aus Moos, Steckschaumkissen oder Röhrchen aus Materialien wie Glas, Zink oder organischen Stoffen.

2.) Außerdem werden verwobene oder verflochtene Segmente vor allem zu dekorativen Zwecken in anderen Arbeiten eingesetzt.

Verwobenes und Verflochtenes sind für fast alle floristischen Bereiche einsetzbar, als reizvolle Aufforderung, der Gestaltung mit dem Auge nachzuspüren: Sie bereichern Raumschmuck, Braut- und Trockenfloristik, aber auch die alltägliche Arbeit mit Strauß und Gesteck. Die verwobene Werkform ist auch für den Gestaltenden von großem Reiz, wenn die Werkstoffe durch die Finger „gleiten" und die Hände ungewöhnliche Fertigkeiten entwickeln müssen, um aus dem Nichts heraus Formen aus Ranken und Fasern zu schaffen.
Schließlich ist Verwobenes auch eine Bereicherung für Florale Collagen (Friedhelm Raffel) – hier ist es meist Mittel zur Verdichtung, zur Konzentration, zur Focussierung auf die Werkstoffe.

Gebündelte Form

Sie ist eine wichtige Variante. In den Jahren des Landhausstils – im Interieurbereich – haben gerade Bündelungen in floristischen Werkstücken eine große Rolle gespielt. Lavendel, Getreide, Zimt, Weide, Cornus, Bambus, Equisetum etc. sind hierfür bekannte Werkstoffe. Bündelungen focussieren, ordnen, gliedern, schaffen Ruhe in kleinteiliger Umgebung, passen gut zu spontanen, wilden, unruhigen Arbeiten. Ganze Werkstücke können aus Bündelungen gefertigt sein. Man bündelt mit Draht, Bast, Rebdraht aber auch flexiblen Ruten aus Weide oder Hartriegel.

Meist ordnet man Bündelungen den Werkstücken zu mit einer gewissen ländlichen Ausstrahlung, wie zum Beispiel das aufliegende Bündel Lavendel – quer drapiert über eine opulente Rosen- und Efeu-Arbeit – als Ausdruck mediterraner Romantik, die Trauben, Kräuter und Sonne ahnen lässt.

Bündelungen können aber auch sehr tektonisch und statisch sein, wenn sie Teil blockartiger, texturierter, gestapelter, modernistischer Werkstücke sind.

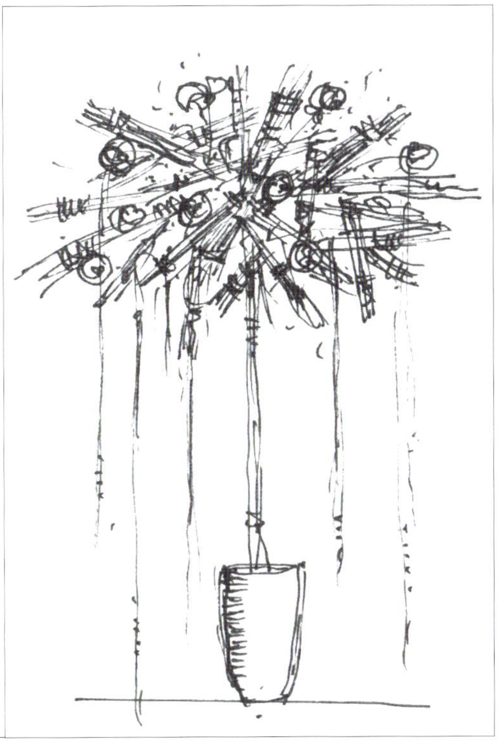

Bündel aus Weide mit Äpfeln dazwischen

Graduierung

Dieses Buch gibt Einteilungen vor, zeigt Einschränkungen auf und das bedarf der Erklärung: Zu leicht könnte sonst der Eindruck entstehen, das Gestaltungsschema schränke die Kreativität des Gestaltenden ein. Die Erschaffung eines Ordnungsschemas macht im Gegenteil auf die Möglichkeiten aufmerksam, die die Gestaltung mit Floralem eröffnen. Damit kann es nicht nur als Arbeitshilfe und Ratgeber vor der Gestaltung, sondern auch zur späteren Analyse, also zum Verstehen der Wirkmechanismen floristischer Arbeiten, zu Rate gezogen werden.

Kategorisieren, Schematisieren, eine pragmatische und vitale Ordnung in die Disziplin zu bringen – das war bei den sehr kreativen Leistern in der Branche nie besonders hoch angesehen. Das Dozierende war immer etwas verpönt in der Floristik. Man sah sich in der Nähe zur Kunst, vertrat deren Freiheit, sprach von einem gewissen Gefühl für Gestaltung, das es zu erwerben gelte, und hielt so neue Gedanken in einer Art Schwebezustand. Doch diese Haltung ist schwer mit dem Ruf nach einer grundlegenden, „soliden" Ausbildung in Einklang zu bringen: Zu viel hängt dann an der Person des Lehrenden, denn charismatische Vorbilder, die Lernende zu entflammen und zu begeistern vermögen, sind dünn gesät. Ebenso sind nur wenige talentierte Lernende in der Lage, den Künsten der Lehrenden als Meisterschüler direkt zu folgen.
Deshalb bedarf es einer komplexen Lehre, die anfangs leicht verständlich Grundlagenwissen vermittelt, und dann dem Lernwilligen immer breitere und tiefergehende Dimensionen des Begreifens eröffnet, vor allem durch Logik. Wer dann noch weiter gehen möchte, kann die ganze Komplexität des Gestaltungsschemas durchdringen, Definitionen wie Linienführung, Gestaltungsart, Proportionen miteinander verknüpfen und aus diesem Universum der Ideen immer neue Inspiration schöpfen.

Aus diesem Grund fehlt noch ein weiterer wesentlicher Schritt: die Graduierung.
Sie lässt sich gut am Begriff des „Dekorativen" erläutern, wenn man ihn in seiner ganzen komplexen Variabilität betrachtet: Er kann sowohl bei vegetativen Arbeiten in Erscheinung treten als auch bei formal-linearen. Oder auch die parallele Gestaltung: Sie kann sehr statisch sein, aber auch bewegt, kann mit Höhen und Abständen spielen oder sogar leicht bewegte Linien und Überschneidungen präsentieren.
Auf solche Weise sind alle Begriffe des Ordnungssystems variabel. Das Gestaltungsschema auf eine Kugel zu übertragen, wäre deshalb vielleicht der adäquate Weg, seiner Multidirektionalität den rechten Ausdruck zu verleihen. Es erlaubt grenzenlose Möglichkeiten der Gestaltung und damit auch der persönlichen Artikulation. Potenziert werden diese Möglichkeiten durch die Vielfalt verschiedener Werkstoffe, durch die Varianten, Tönungen, Strukturen und Kombinationen von und mit Farbe. Die persönliche Entfaltung, die gestalterische Freiheit werden durch das Wissen um Vielzahl und Art der Möglichkeiten nicht eingeschränkt, sondern um Handlungsspielräume erweitert. Die Graduierung der Gestaltungsdefinitionen wird auf den folgenden Seiten mit Zeichnung und Text erläutert.

Die Graduierung wird vereinfacht in Form einer Skala von 1 bis 10 dargestellt. Dabei sei 10 jeweils die reinste, intensivste Form des Begriffs, 1 sei die abgeschwächteste, im unscharfen Grenzbereich zum Nachbarbegriff. Die Graduierungen noch detaillierter zu trennen, etwa mit einer Skalierung von 1 bis 100, macht keinen Sinn: Die Unterschiede wären kaum noch wahrnehmbar. Das notierte Gestaltungsschema in seiner zweidimensionalen Form bedient sich zur Erklärung des Begriffs „Graduierung" am besten Zeichnungen wie der folgenden:

Stufe 10

Rein dekorativ, in seiner intensivsten Form: Für die Kugel werden grüne Nelken dicht an dicht auf eine Schaumstoffkugel gesteckt, ohne Grün, Blüte an Blüte. Das Pflanzenteil wird zu einem Baustein der Gesamtform.

Stufe 9

Als erste pflanzliche Auf- und Ausbrüche zeigen sich Myrthenspitzen, deuten in bescheidensten Anfängen Wuchs oder Formen an. Der erste Schritt hin zur benachbarten Gestaltungsart ist damit bereits vollzogen.

Stufe z.B. 7

In der grünen Nelkenkugel zeigt sich eine leichte Staffelung, als wenn sich die Blüten in regelmäßiger Ordnung höben und senkten. Grüntouffs und leichte, grüne Ranken „wachsen" heraus und „fließen herab".

10

9

7

Graduierung am Beispiel „Dekorativ" in einer Skala von 10 bis 1

Stufe 6

Die hermetische Kugelform löst sich stark auf: Das Werkstück erhält eine Basis, die Stiele der Nelken werden sichtbar. Gräser, Ranken, Blätter füllen und umspielen das Werkstück, springen aus der Form heraus.

Stufe 4

Neue Formen kommen zusammen: Hier gesellen sich Fresien zu den Nelken. Auch das schmückende Grün definiert sich charakteristischer.

6

4

Stufe 3

Der Aufbau bleibt symmetrisch, dabei wächst der Formenreichtum. Sommerrittersporn prägt die neue Erscheinung, der innere Aufbau der Arbeit erhält spontane, unregelmäßige (=asymmerische) Akzente.

Stufe 2

Immer noch dekorativ, doch jetzt komplett asymmetrisch. Menge und üppiger Aufbau bestimmen das Bild – Iris, Zweige, Nelken sorgen für bewegungsreiche Kontraste. Formen und Linien entwickeln sich charaktervoll.

Stufe 1

Hier liegt der Grenzpunkt, der Übergang in andere Gestaltungsarten, nämlich formal-linear oder vegetativ. Gefahr droht vor allem aus der Unentschiedenheit, der Todfeindin der Gestaltung, bis sich jenseits der Grenze etwas anderes klar definiert und formiert.

Merke:
Wie hier am Dekorativen exemplarisch durchdekliniert, lassen sich alle Kategorien und Definitionen des Gestaltungsschemas variieren.
Über diese Variationen konsequent nachzudenken, steigert Individualität, Kreativität und Enthusiasmus des Gestaltens.

3

2

1

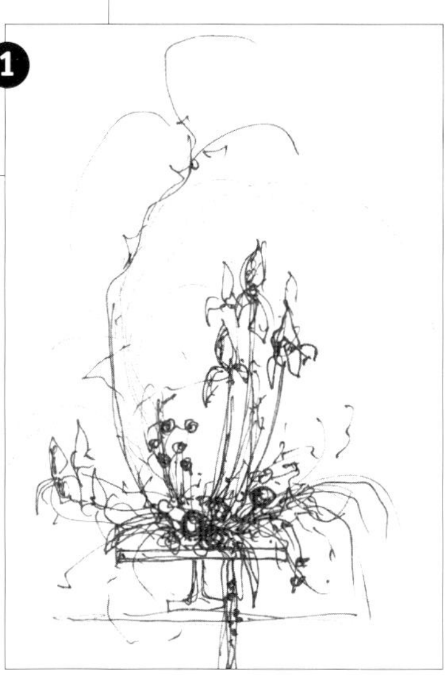

Bei 1 an der Grenze zum Formal-linearen – der „Übergang" zur Nachbargestaltungsart

Anmutung:
Das parallel-dekorative Element wirkt hier sehr statisch – in der Abbildung sogar heraldisch (wappenartig), ist jedoch hundertfach variabel einsetzbar.

Anwendung:
Ideal für beliebige Verbreiterungen z.B. bei Altarschmuck, Tischdekorationen, Schmuck langer Balustraden. Besonders geeignet auch für Schaukästen, da die Gestaltung sehr flach gehalten werden kann.

Technik:
Stecken in Schaum.

Merke:
Jede gewünschte Dimensionierung dieser Arbeiten ist möglich. Höhe, Breite, Tiefe frei wählbar.

Werkstoffe: Nelumbo nucifera, Aloe vera, Crassula obliqua, Rosa-Hybriden, Kochia scoparia, Araucaria araucana, Anthurium-Andreanum-Hybriden, Leucadendron, Philodendron, Echeveria agavoides, Cynara scolymus, Echinacea purpurea, Galax aphylla, Asparagus scandens var. deflexus

Anmutung:

Statisch. Verdichtet. Architekturartig. Aber auch modern und sehr grafisch.

Anwendung:

Interessant als moderne Tischarbeit. Besonders geeignet für Tischfloristik, Wandgestaltung, denn hier stimmt das Verhältnis von Aufwand und Haltbarkeit und rechtfertigt den Preis.

Technik:

Stecken in Schaum. Legen. Kleben.
Eine Herausforderung an das handwerkliche Können und die gestalterische Kreativität.

Werkstoffe: Aloe vera, Salix caprea, Rosa-Hybriden, Crassula obliqua, Pandanus veitchii

Anmutung:
Dynamisch aufeinander zustrebende, sich verbindende Elemente verbreiten Harmonie und Spannung zugleich. Als Harmoniesymbol besonders aussagefähig und zeichenhaft.

Anwendung:
Tischdekoration oder, etwas höher gearbeitet, als Buffetschmuck geeignet. Schön auch als florale Bögen auf Säulen gestellt – etwa für Hochzeiten.

Technik:
Stecken in Schaum. Binden, dabei mit Hilfe von Wasserröhrchen beliebig verlängerbar.

Merke:
Die Überschneidungen der Linien müssen sinnvoll sein und eine nachvollziehbare Struktur ergeben.

Werkstoffe: Araucaria araucana, Ranunculus-Hybriden, Xerophyllum asphodeloides, Bupleurum rotundifolium

Schwierigkeit: Braucht viel Raum in der Breite. Außerdem schwer zu transportieren, wenn sich die Steckpunkte in zwei verschiedenen Gefäßen befinden.

Anmutung:
Naturausschnitt. Hier: sehr durchsichtig gearbeitet. Wirkt wie eine Einheit von Boden und Gewachsenem, indem die gestaltende Hand erkennbar den Wuchs der Pflanze bis in ihre ursprüngliche Herkunft nachverfolgt.

Anwendung:
Raumschmuck für nicht offizielle Anlässe. Sideboard-Dekoration. Tischdekoration. Trauerbinderei. Geschenkbereich.

Technik:
Meist Stecken in Schaum, wobei die Bodengestaltung dem jeweiligen Thema – z. B. Wasser, Berg, Wüste, Regenwald – angepasst wird.

Einschränkung:
Braucht optisch stille Umgebung, um zu wirken, denn diese Darstellungsform wirkt niemals opulent, massig, füllig.

Werkstoffe: Salix caprea, Galax aphylla, Allium, Thymus vulgaris, Hedera helix

Schwierigkeiten: Sehr aufwendig. Gutes florales Wickelmaterial ist im Fachhandel nicht leicht zu bekommen.

Anmutung:
Sehr skulpturhaft. Eng. Eingeschnürt. Die Werkform steht im Vordergrund. Die Pflanze wird von ihr beherrscht.

Anwendung:
Als Gesteck, Strauß, Brautstrauß oder florales Wohnaccessoire.

Technik:
Freies Binden auf Unterlage vielfältiger Art und Form. Solche Wickelungen können auch Akzente in anderen Werkstücken setzen.

Werkstoffe: Rhipsalis cassytha, Aristea cyanea, Zantedeschia rehmannii

Einschränkung:
Solche Arbeiten wirken wenig natürlich oder wie gewachsen, eher kunsthandwerklich.

Anmutung:

Gewollt unruhig und Spannung erzeugend. Leicht beunruhigend und aggressiv. Raumfüllend. Nur bedingt harmonisch. Konzentrationsfreudig. Gegensätzlich. Kaum blumig. Eher abstrakt modern.

Anwendung:

Geschenkbereich. Arrangements. Tischschmuck. Collagen.

Technik:

Freies Binden. Stecken. Auch sogar Verweben.

Einschränkung:

Möglichst keinen zu unruhigen Werkstoff verwenden, mehr Linien, Halme, Stiele.

Werkstoffe: Ranunculus-Hybriden, Allium, Muehlenbeckia complexa, Salix caprea, Xerophyllum asphodeloides

Anmutung:

Zart. Formen- und kontrastreich. Spannung aufbauend durch Überschneidungen.

Anwendung:

In flachen, einfachen Schalen bei Tischdekorationen, Raumschmuck auf und in Raumteilerelementen.
Im Geschenkbereich.

Technik:

Stecken in Schaum, mit Sand und ähnlichem bedeckt.
Freies Binden auf floralen Grundformen.

Schwierigkeit: Erhaltung einer gestalterischen Einheit trotz Vielfalt und Kontrast.

Werkstoffe: Cymbidium, Zantedeschia aethiopica, Phalaenopsis-Hybriden, Sinarundinaria murielae, Tillandsia usneoides, Rhipsalis-Hybriden, Epidendrum varicosum

Anmutung:

Ethnisch. Heraldisch. Kunsthandwerklich. Strahlend und sonnig. Erhaben und ruhig, aber dennoch vital, sich zweidimensional dynamisch entwickelnd.

Anwendung:

Raum- und Festschmuck in öffentlichen Bereichen. Floraler Focus in symmetrischen Raumszenen – z. B. vor Spiegeln, zwischen Säulen etc. Zur Dekoration ethnisch geprägter Interieurs. Einsetzbar in Gestecken, frei gebundenen Werkstücken und Sträußen, ja sogar in Brautsträußen.

Technik:

Stecken in Schaum. Freies Binden in floraler Grundform. Binden zum radialen, flachen Strauß. Weben als trockenes Wandteil.

Werkstoffe: Echinacea purpurea, Aristea cyanea, Papaver nudicaule

Anmutung:
Statisch. Grafisch. Ruhend. Farblich reduziert zugunsten der Wirkung kontrastreicher Formen.

Anwendung:
Tischdekoration. Raumschmuck für moderne, ruhigflächige Räume. Schaufensterdekoration. Da nur nach oben dynamisch entwickelt, auch für Schaukästen und Vitrinen geeignet. Kann in Steckschalen oder als frei gebundenes Werkstück ohne große Aufbauhöhe relativ flach gestellt werden. Und das sogar im engen Raum.

Technik:
Stecken in Schaum, mit Sand bedeckt.
Stecken in Schaum, nur mit Floralien ausgearbeitet.
Stecken in Schaum, auf wenige Zweige frei gebunden, Rebdraht.

Werkstoffe: Alpinia zerumbet, Zantedeschia rehmannii, Kochia scoparia, Ceropegia dichotoma, Phormium tenax, Haworthia truncata, Asparagus scandens var. deflexus, Salix matsudana 'Tortuosa', Philodendron, Dichorisandra

Anmutung:

Bescheiden. Reduziert. Zart und mit sich selbst verschlungen, hingestellt wie eine Steele. Trotz sichtbar gestalterischer Führung durch Windungen und Verschlingungen sehr naturnah gehalten.

Anwendung:

Geschenk für Menschen, die einen bescheidenen, klaren Stil bevorzugen. Akzentschmuck für naturnah-modern eingerichtete Räume. Reizvoll auch als Strauß. Zu allen Jahreszeiten passend.

Technik:

Stecken in Schaum. Freies Binden in stehende Grundform. Auch hängend, mit Röhrchen zur Wasserversorgung.

Werkstoffe: Xanthorrhoea australis, Equisetum, Papaver nudicaule, Muehlenbeckia complexa, Crassula obliqua

Anmutung:
Säulenhaft gestreckt. Eng. Dicht. Aus jeder Perspektive unterschiedliche Ansichten mit vielen Details. Man spürt die führende Hand des Gestalters, für den die Pflanzen elementare Bausteine zu einem Ganzen sind.

Anwendung:
Gut für extrem schmale Räume, wie z.B. an Rezeptionen, als Altar- oder Kirchenschmuck, vor Säulen, in Nischen, auf Messeständen mit geringem Platzangebot oder als Begleitung architektonischer Formen.

Technik:
Stecken in Gefäßen mit Schaum. Binden in z.B. zylindrischer Grundform.

Werkstoffe: Viburnum opulus 'Sterile', Nelumbo nucifera, Phormium tenax, Vanda Rothschildiana, Philodendron angustisectum, Hyazinthus orientalis, Aristea cyanea, Gentiana, Equisetum palustre

Anmutung:
Sehr symmetrisch. Grafisch, aber auch ein wenig überzeichnet. Wirkt sehr theoretisch, eher symbolhaft, zeichenhaft, unblumig. Hier bewusst übersteigert.

Anwendung:
Selten angewandt. Wenn doch, dann pur radial, um eine grafische Wirkung in modernen, symmetrischen Räumen zu erzielen. Wirkt besser, wenn strukturhafte Elemente und Überschneidungen hinzukommen.

Technik:
Stecken in Schaum. Binden als Strauß. Geeignet für Brautsträuße, um das Muster des Brautkleides aufzunehmen.

Werkstoffe: Equisetum palustre, Araucaria araucana, Anthurium-Andreanum-Hybriden, Anigozanthos, Rhipsalis, Aeonium holochrysum, Aloe vera, Beaucarnea recurvata, Gomphocarpus fruticosus, Asparagus scandens var. deflexus

Anmutung:
Rund. Festlich. Offiziell. Ornamental. Klassisch. Üppig. Schmückend. Raumfüllend. Sich strahlenförmig ausbreitend und dekorativ. Allerdings auch etwas simpel. Vordergründig sehr präsent, jedoch nicht unbedingt zum intensiveren Studium herausfordernd. Entspricht der „Ur"floristik vieler alter Kulturen.

Anwendung:
Raumschmuck in klassischen öffentlichen Bereichen. Für jeden Anlass. Stärkt und unterstreicht, ob festlich, heiter, traurig, offiziell, zeremoniell. Gesteckt oder gestellt in Urnen, Amphoren, Körben o.ä. verwendbar. Auch als Brautstrauß.

Technik:
Stecken in Schaum. Binden als Strauß. Kleben als Collage.

Merke:
Diese Disziplin wird oft unterschätzt. Sie ist gestalterisch zwar sehr schlicht, jedoch handwerklich schon recht anspruchsvoll.

Werkstoffe: Hyazinthus orientalis, Hedera helix 'Erecta', Galax aphylla, Echinacea purpurea, Rosa-Hybriden, Salix caprea, Typha angustifolia

Anmutung:
Eher reduziert. Linear. Formbetont. Das Auge auf Pflanzenpersönlichkeiten lenkend. Mit Balancen spielend, unterschiedliche Linienabläufe und -führungen herausstellend und zeigend. Bedient sich ungleicher Winkel; auch Längen der Werkstoffe und Höhen sind immer verschieden: Asymmetrie wird als total beherrschendes System des Ungleichen eingesetzt. Der Gestalter erforscht das Pflanzenteil nach dem Motto „Sage mir, was Du für mich tun kannst – danach setze ich Dich ein." Losgelöstheit schafft Leichtigkeit. Räume behalten Ihre Wirkung. Das Beispiel zeigt radiale Umsetzung.

Anwendung:
Überall, wo Räume oder Flächen nicht durch Quantität dekoriert oder gestaltet werden müssen. Dort, wo Interesse für Grafik und Linien, für Pflanzenteile und ihren Ausdruck geweckt werden soll. Einsatz auch als Sträuße, Gestecke und kleinere Geschenke zu Jahreszeiten, in denen dekorative Floristik qua Menge zu teuer wird.

Technik:
Stecken. Binden. Auch Kleben, etwa zu Collagen.

Merke:
Formal-Lineares meint nicht pompöses Dekorieren mit Pflanzen, nicht das oberflächliche Auftragen von Mengen und Massen von Floralem in Menge und Masse, sondern den bewussten und gezielten Einsatz von Details.

Werkstoffe: Alpinia zerumbet, Anthurium-Andreanum-Hybriden, Protea repens, Cortaderia selloana, Epidendrum varicosum, Galax aphylla, Equisetum palustre, Philodendron angustisectum, Nelumbo nucifera

Herausforderungen: Voraussetzung ist das Studium und die Kenntnis vieler verschiedener Pflanzenformen, -linien und -arten. Hoher Anspruch an die Fähigkeit zum komplexen, kompromisslos asymmetrischen Denken und das Finden von Form- und Linienkontrasten.

Anmutung:
Formen sind als kontrovers, als gegeneinander wirkende Kräfte dargestellt: Alle Dominanz kommt von einer Seite. Reizvoll: Das Auge erkennt Spannungen, Gegensätze werden sehr deutlich. Diese Arbeit fordert ein ruhiges Umfeld, um sich zu erklären. Die abgebildete Arbeit „steht" an der Grenze zum Formalen. Graduierung 2 auf der Skala von 1-10.

Anwendung:
Ideal für Theken, Sideboards, Raumteiler, lange Wohntische. In kleinerem Format für Tische aller Art.

Technik:
Stecken in verschiedene Hilfen: Schaum, Drahtgitter, Naturgitter, Kenzan etc.

Werkstoffe: Zantedeschia rehmannii, Dichorisandra thyrsiflora, Anigozanthos, Aristea cyanea, Muehlenbeckia complexa, Ranunculus-Hybriden

Herausforderung: Deutlich unterschiedliche Mengen, Längen, Winkel herauszuarbeiten und Distanz zur optischen Mitte herzustellen.

Anmutung:

Silhouettenhaft. Transparent. Harmonische Überschneidungen. Formen stehen im Vordergrund, weniger die Darstellung natürlichen Ambientes. Sich passiv nach unten neigende Linien schaffen eine ruhige Anmutung.

Anwendung:

Sideboards. Rezeptionen. Optisch ruhige Wandnischen. Vitrinen. Ausschließlich im modernen Raum einsetzbar.

Technik:

Stecken in Schaum. Freies Binden. Collagen.

Werkstoffe: Sinarundinaria murielae, Zantedeschia rehmannii, Kalanchoe blossfeldiana, Tillandsia, Cortaderia selloana, Aloe vera

Herausforderung: Asymmetrie und Formbezogenes gleich stark zu definieren.

Anmutung:
Äußerst dekorativ und schmückend, dennoch mit starkem Formbezug: Viele Formen streben dynamisch nach oben, die halbkreisförmige Linie mildert das beinahe Agressive. Die starke Mittelachse betont nachhaltig die Statik.

Anwendung:
Haltbarer, dekorativer Raumschmuck möglichst in zeitgenössischem Ambiente.

Technik:
Stecken. Binden. Stellen in Vasen etc.

Herausforderung:
Die Massierung der Floralien über das formal-lineare Mindestmaß von ein, zwei, höchstens drei Formen hinaus.

Werkstoffe: Heliconia caribaea, Nelumbo nucifera, Cymbidium-Hybriden, Anthurium, Tillandsia, Aloe vera, Celastrus orbiculatus, Strelitzia reginae, Phormium tenax, Moluccella laevis, Cortaderia selloana

Werkstoffe: Papaver nudicaule, Bergenia cordifolia, Hydrangea petiolaris, Hedera helix 'Erecta'

Anmutung:
Natürlich. Aus einem Punkt herauswachsend. Wie leicht im Wind tänzelnd. Harmonisch. Filigran. Unaufdringlich. Nicht gezwungen, doch mit diskret ausgedrücktem Willen zur Ordnung. Räume belassend. Mit schwachem Formbezug.

Anwendung:
Schmuck in möglichst naturnah gestaltetem Ambiente mit natürlichen Materialien und Mobiliar ohne dominante Struktur oder Textur. Mehr für private, intime Anlässe, nichts Offizielles.

Technik:
Eher Stecken als Binden. Boden und Basisgestaltung am Naturuntergrund orientiert.

Anmutung:
Radial. Zentrisch gebündelt. Geschichtet. Wirkt handwerklich. Geschlossen, konzentriert. Auf einen blühenden Focus, den Blickschwerpunkt, zusteuernd.

Technik:
Stecken. Bündeln. Binden. Kleben. Legen.

Herausforderung: Jedes Teil, das man in die Hand nimmt, ist anders; deshalb will Bündeln mit Naturprodukten (hier: Weide) gelernt sein.

Werkstoffe: Salix purpurea 'Gracilis', Mahonia aquifolium, Muscari botryoides

Anmutung:
Natürlich. Spontan. Sehr naturnah. Erscheint sehr unmodifiziert, nicht manipuliert. Ehrlich. Ein hingestrecktes Stück Frühling des europäischen Südens. Mild und doch beherrscht.

Anwendung:
Sideboards. Lange Buffetschränke. Auf Raumteilern. Auch als Tischschmuck. Als Schaufensterschmuck, dann jedoch etwas größer, mit Wasserreservoir.

Technik:
Stecken, meist in Schaum. Freies Binden auf Rebdraht, Bast, Wachskordel.

Merke:
Selbst im freien Linienverlauf gibt es einige Gruppen, die eine gemeinsame Steckrichtung aufweisen. Oder es laufen aus unterschiedlichen Steckpunkten einander gleiche Blumen (wie hier die Tulpen) am Ende als Gruppe zusammen.

Werkstoffe: Muscari botryoides, Agapanthus orientalis, Tulipa gesneriana, Xerophyllum asphodeloides, Euphorbia, Epimedium versicolor, Cornus sericea

Anmutung:

Signifikant. Zeichenhaft. Kraftvoll. Formbezogen. Einrahmend. Dominant. Handwerklich, artifiziell. Stark. Radial, am unteren Ende der Graduierung.

Anwendung:

Als Raumdekor. In ähnlicher Form öfter erkennbar, da trotz des starken Formbezugs sehr dekorativ wirkend.

Technik:

Stecken in Schaum. Freies Binden auf Rebdraht, Raffia. Stecken in Gitter vielfältiger Art.

Merke:
Es gilt, die Relation der Quantität des „Ornaments“ zur Gesamtmenge der Floralien zu beachten.

Werkstoffe:
Xanthorrhoea australis,
Zantedeschia rehmannii,
Fritillaria imperialis,
Sandersonia aurantiaca,
Phormium tenax,
Clematis vitalba,
Sedum nussbaumerianum

Anmutung:
Vom Wetter in eine Richtung gedrängt. Scheint die natürliche Umgebung der Amaryllis nachvollzogen zu haben. Sehr sensible und bewusste Darstellung von Blumen.

Anwendung:
Raumschmuck für intimere, privatere Anlässe. Für Wirkung über den Anlass eines wichtigen Tages hinaus. Sich entwickelnd. Abläufe des Sich-Veränderns und Vergehens nachvollziehend.

Technik:
Stecken in Schaum, mit entsprechender Bodengestaltung.

Merke:
Diagonales kann aus einem Sammelpunkt kommen, aber auch mehrere Ausgangspunkte haben.

Werkstoffe: Hippeastrum vittatum, Salix matsudana 'Tortuosa', Hedera helix 'Canariense', Hedera helix 'Erecta', Ranunculus-Hybriden, Aristea cyanea

Werkstoffe: Equisetum palustre, Echinacea purpurea, Zantedeschia rehmannii, Phormium tenax, Echeveria

Anmutung:
Aufgereiht. Dynamisch in eine Richtung weisend, sich neigend. Gemeinsam Stärke zeigend. Aufregend. Angespannt. Überraschend, Sehgewohnheiten brechend. Üppig und klar.

Anwendung:
Zum Unterstreichen ähnlich anmutender Architektur: Art déco und moderner Raum. Als Raumschmuck. Auch anlassbezogen. Frei im Raum, aber auch vor Wänden.

Technik:
Stecken in Schaum. Freies Binden mit floraler Grundform auf Maschendraht und Gitter anderer Art. Kleben in der Wandcollage.

Merke:
Diagonales kann nicht immer frei in den Raum gestellt werden. Oft gehört ein architektonisches Element (hier die Mauer links) dazu, um eine glaubwürdige „optische Statik" aufzubauen.

Anmutung:
Wachsend. Gewachsen. Elegant herabhängend. Mauerpartien überspielend. Pflanzlich, überquellend. Haltbar. Dauerhaft. Sehr harmonisch anpassbar, da Pflanzliches pur keine Stilfragen nach Dekorativem oder Formal-Linearem aufwirft.

Anwendung:
Pflanz- und Steckarbeiten mit Schnittblumen und Pflanzen in moderner Umgebung. Meist erhöht arrangiert auf hochliegenden Fensterbänken und Positionen mit reiner Frontalansicht: Altäre etc.

Technik:
Stecken. Pflanzen.

Merke:
Die herabhängende Form, die nach unten ausgerichtete Proportion erfordert ausgesuchten Werkstoff, der naturgewachsene Formgebung zwanglos ausschmücken kann.

Werkstoffe: Sedum morganianum, Selenicereus grandiflorus, Rhipsalis cassytha, Kalanchoe-Hybriden, Echeveria 'Nürnberg', Graptopetalum paragayense

Werkstoffe: Muscari botryoides, Equisetum (dry), Xerophyllum asphodeloides, Pinus nigra

Anmutung:
Zart verwoben. Horizontal schwebend. Leicht. Filigran. Von Blüten durchdrungen. Transparent. Wirkt nicht gezwungen oder „verarbeitet". Von kräftigen, doch dünnen Stäben getragen.

Anwendung:
Als Tischschmuck. Auch für lange, moderne Tische, an denen die Dekoration Anlass zum kurzweiligen Gespräch bietet.

Technik:
Stecken. Steckmasse mit Sand bedeckt. Freies Binden, ineinander Verhaken. Auch Binden mit Bast und Verkleben mit diversen Hilfsmitteln möglich.

Merke:
Verwobenes kann sehr vielseitig sein. Deshalb sollte man immer nach neuen Wegen suchen. Jeder Werkstoff ist auch Substanz für eine kleine persönliche Entdeckung.

Anmutung:
Etwas statisch eingefasst, erfasst. In eine Form hinein konstruiert. Dennoch frei und lebendig. Aufgerichtet, emporgestellt. Ein schwebender Teppich.

Anwendung:
Als Tischschmuck. Auf Sideboards. Als Dekor. Als Vitrinenschmuck, da in seinen Ausdehnungen begrenzt. Durch Tragwerk-Effekt ideal zur Kombination von Blüten, Früchten, Schoten, Wurzeln unterschiedlicher Floralien miteinander.

Technik:
Stecken. Binden auf Konstruktionen mit Rebdraht gebunden. Hineinlegen. Hineinbinden. Im Bild in Schaum gesteckt, Steckgrund mit Sand bedeckt.

Merke:
Wenn man in eine Form konstruiert, ist es wichtig, dass die Floralien ihre Blüten ein wenig durch das Gitter stecken – also die Oberfläche erreichen und nicht wie in einen Käfig gepfercht wirken.

Werkstoffe: Rosa-Hybriden, Muscari botryoides, Anemone hybridum, Jasminum officinale, Reseda odorata

Werkstoffe: Zantedeschia aethiopica, Polygonatum, Anthurium-Andreanum-Hybriden, Dichorisandra thyrsiflora, Jasminium officinale, Vanda, Ammi majus, Asparagus retrofactus, Viburnum opulus 'Sterile'

Anmutung:

Emporgestemmt. Aufgestellt. Stiele zu Ständern umfunktioniert. Leichtigkeit. Überraschend aufgrund der ungewöhnlich deutlich sichtbaren Statik. Spannend. Ungewohnt. Dennoch pur pflanzlich. Organisch gewachsene Natur.

Anwendung:

Als Buffetdekoration. Als Schmuck von Displaytischen.

Technik:

Meist freies Binden als sogenannte stehende Sträuße mit diversen Fußtechniken (vgl. Lersch: Standing Ovations). Aber auch Stecken in Schaum oder Kenzan. Zur Verlängerung der Stiele sind zusätzlich Wasserreservoirs wie Bambus und andere wasserhaltende Naturstengel möglich, aber auch Glas- und Zinkröhrchen.

Merke:
Die technischen Schritte, die notwendig sind, um diese Werkstücke zu fertigen, bedürfen vieler Kenntnisse und Anregungen, brauchen Übung und Erfahrung.

Merke:
Das Modulieren eines imaginären Wuchs- oder Fluchtpunktes (auch Sammelpunkt genannt) bietet eine interessante Möglichkeit weitere Dimensionen seiner Kreativität zu entwickeln: Der Florist / die Floristin wird immer variantenreicher in der Ausgestaltung floristischer Grundformen.

Anmutung:
„Fast" parallel emporstrebend. Stiele sind nur leicht nach innen geneigt, als ob sie einen weit unterhalb des Gefäßes liegenden Punkt als Fluchtfixierung ansteuerten. Die Einbeziehung eines solchen imaginären Tiefpunktes erlaubt oben mehr Ausdehnung in die Breite.

Anwendung:
Mehr im dekorativen Bereich. Nicht unbedingt beschränkt auf schmale, gleichmäßige Staffeln. So sind auch gesteigerte Staffelungen möglich. Für Raumschmuck, Vasenfüllungen, Pflanzarbeiten. Auch oft angewandt im vegetativen Bereich.

Technik:
Meist Stecken in Schaum. Aber auch freies Binden auf Maschendraht und Kenzan möglich.

Werkstoffe: Dracaena fragrans, Ornithogalum arabicum, Cornus mas, Tillandsia xerographica, Asparagus scandens var. deflexus, Ranunculus-Hybriden, Rhipsalis capilliformis, Hedera helix 'Eanariense'

Anmutung:
Wild. Frei. Sehr naturnah. Die ordnende Hand des Menschen ist nicht zu spüren. Verschlungenes, sich schlängelndes Dickicht und ineinander verwundene Schlingpflanzen dominieren die Szene.

Anwendung:
Als belebender pflanzlicher Kontrapunkt in statisch wirkendem Ambiente.

Technik:
Stecken in Schaum, Gitter, Maschendraht. Binden als Strauß oder Brautstrauß. Freies Binden mit Rebdraht, Bast etc.

Merke:
Die Wickelung ist ein manueller Vorgang. Die Arbeit im Bild dagegen geht vom Wuchs und der Gestalt der Pflanzenteile aus.

Werkstoffe: Bulbinella hookeri, Salix matsudana 'Tortuosa', Papaver nudicaule, Anethum, Hedera helix, Aeonium holochrysum

Werkstoffe: Rhipsalis, Protea, Phalaenopsis-Hybriden,
Zantedeschia rehmannii, Echinacea purpurea, Tulipa gesneriana, Graptopetalum paraguayense, Kalanchoe

Merke:
Formal-Lineares erhält besonderen Reiz, wenn es langgestreckt und flach angeordnet wird.
Es sollte nicht allzuviel Florales auf der Unterlage aufliegen, sondern mit geringem Abstand zu ihr sich selbst frei tragen.

Anmutung:
Flach. Langgestreckt. Spannend: der Kontrast zwischen Zonen extremer Konzentration und großer Leichtigkeit. Wirkt haltbar, dauerhaft, beständig, aber auch edel. Überhöht und verherrlicht Natur zum Objekt, zum „Gegenstand". Erinnert an Skulpturen.

Anwendung:
In Steckschalen. Als Geschenk. Als Raumschmuck mit dauerhafterem Dekorationswert. Als Tischdekoration: allerdings nicht für gedeckte Esstische, mehr für Wohntische und dann flächig und asymmetrisch angeordnet.

Technik:
Stecken in Schaum. Wurzel mit zwei, drei starken Drähten (Durchmesser 0,18 cm) durch Bohrlöcher mit der Kneifzange gedrahtet, so dass mehrere Aufsteckgabeln entstehen.

Anmutung:

Breit. Rhythmisch. Wirkt als Einheit und als drei verschieden hohe Arrangements zugleich. Die Partien nehmen Bezug aufeinander, doch nur relativ: Mengen, Höhen, Winkel variieren stark. Lediglich die „Hauptachsen“ haben einen gemeinsamen Sammelpunkt tief unterhalb des Werkstücks.

Anwendung:

Ideal für Mauervorsprünge. Kamine. Gesimse. Sideboards. Bühnenrandbereiche.

Technik:

Stecken in Schaum. Freies Binden in längliche Schalen. Stellen in unterschiedlich große Einzelgefäße.

Merke:
In der Asymmetrie sind auch die einzelnen Elemente einer Gruppe in ihrer Ausdehnung und Menge sehr unterschiedlich.

Werkstoffe: Orthophytum, Anigozanthos-Hybriden, Zantedeschia rehmannii, Salix matsudana 'Tortuosa', Anthurium-Andreanum-Hybriden, Beaucarnea recurvata, Epiphyllum anguligerum, Ranunculus-Hybriden, Rosa-Hybriden

Merke:
Die Proportionen solcher Arbeiten sollten nach den vorhandenen Blumen ausgerichtet sein (z.B. Höhe : Breite) oder die Blumen entsprechend der gefertigten Grundform gewählt werden.

Anmutung:
Schwebend. Hochgestellt. Üppig. Dennoch in einem Fluss horizontal emporströmend. Nicht unbedingt romantisch, eher ein dekoratives, moderneres Stück.

Anwendung:
Tischdekoration auf größeren, runden oder länglichen Tafeln. Dekoration für Räume, in denen sich viele Personen befinden. Buffetschmuck.

Technik:
Lockeren Rankenkranz auf Stäben in Steckschaum hochstellen und festbinden. Blumen mit langem Stiel erreichen den Steckgrund. Kürzere Blumen stehen in organischen (pflanzlichen) Wasserreservoirs oder Glas- bzw. Zinkröhrchen.

Werkstoffe: Fritillaria imperialis, Tulipa-Hybriden, Viburnum opulus 'Sterile', Citrus, Lunaria annua, Rosa-Hybriden

Merke:
Trotz des freien Umgangs mit Linienverläufen sind alle anderen Kategorien des Schemas definiert: Ordnungsart, Proportion, Gestaltungsart. Deshalb gehört diese Arbeit trotz der freien Anordnung nicht zum Gestaltungsspektrum absoluter Laien.

Anmutung:
Relativ frei. Wenig geordnet. Spontan, von gängigen Grundregeln befreit. Kreativ.

Anwendung:
Als Werkstücke für Theken. Säulen. Raumschmuck ohne besonderen Anlaß. Nichts Offizielles.

Technik:
Stecken in Schaum oder Gitter. Freies Einstellen in Vasen und Töpfe. Freies Binden mit Rebdraht oder Bast. Stellen auf flache Schalen.

Werkstoffe: Papaver nudicaule, Asparagus asparagoides, Gentiana, Asparagus retrofractus, Tulipa-Hybriden, Tamarix, Beaucarnea recurvata, Salix matsudana 'Tortuosa', Equisetum palustre

Merke:
Parallele Formationen wie diese stehen im Grenzbereich zur „Textur", stellen fast einen Übergang her. Das lässt die Notwendigkeit erkennen, die einzelnen Kategorien des Schemas zu graduieren.

Anmutung:
Reine Formationen, in Spanien dank Enrique de Leon sehr verbreitet mit Kontra. Dynamische Elemente wie Aristea Blätter kontrastieren zur Anordnung in Reih und Glied.

Anwendung:
Als Tischdekoration, wie z.B. Konferenz-Tischschmuck oder als Trockenfloristik in Wandfriesen.

Technik:
Meist Stecken in Schaum. Stecken in flache Schalen, auf Bretter. Kleben.

Werkstoffe: Equisetum palustre, Aeonium holochrysum, Galax aphylla, Rosa-Hybriden, Aristea cyanea, Rudbeckia echinacea, Salix sachalinensis 'Sekka'

Anmutung:
Getragen. Schwebend. Leicht. Verwoben, doch nicht zu stark (s. Graduierung). Einfach. Schlicht. Transparent. Modern. Nicht vordergründig romantisch.

Anwendung:
Als Raumschmuck. Auf Buffets. Auf Anrichten. In Tellerschalen, Töpfen, Vasen oder auf Ständern.

Technik:
Hochstellen mit Wasserröhrchen. Grundform aus Zweigen arbeiten. Stecken in Schaum. Oder freies Binden auf diverse „Fußformen“, Steine oder Holzstücke.

Merke:
Die Werkformen „verwoben“ und „konstruiert“ sind einander sehr nahe. Gerade die Vielfalt der Möglichkeiten fasziniert beim kreativen Gestalten, doch darf das nie die eigentlichen Ziele vergessen machen.

Werkstoffe: Papaver nudicaule, Muehlenbeckia complexa, Euonymus europaea, Passiflora caerulea

Werkstoffe: Bulbinella hookeri, Aspidistra lurida, Oncidium varicosum, Cornus mas

Merke:
„Vegetatives" kann gerade im geschäftlichen Alltag nicht kompromisslos durchgehalten werden. Schwierig ist die orthodoxe Trennung nach Florenreichen.
Zu kombinieren, was miteinander wachsen kann, ist bei solchen Environments aus pragmatischer Sicht hinreichend, ersetzt aber nicht das Studium botanischer Zusammenhänge.

Anmutung:
Zart vom Wind gebogen. Sich in ihm wiegend.
Die Regeln und Zustände der Natur anerkennend.
Nicht repräsentativ. Dezent, still. Wie zufällig entdeckt.

Anwendung:
Raumschmuck, eher für den öffentlichen als den privaten Raum. Foyerdekoration z.B. in Bürogebäuden. Sitzgruppen-Tischschmuck. Brüstungen im modernen Raum.

Technik:
Stecken in Schaum, mit Organischem, etwa Sand, Steinen, Moos abgedeckt.

Anmutung:
Auf den ersten Blick etwas statisch, fremd. „Reine Schönheit“ scheint nicht mehr im Vordergrund zu stehen, sondern die kreative Variation von nur zwei oder drei Floralien allein durch die Möglichkeiten der Formgebung. Eine Herausforderung für Floristen, die an Vielfalt in Formen und Farben gewöhnt sind: „Floristik für Formgeber“ (v. Boletzky).

Anwendung:
Im modernen Raum für trenderfahrene Betrachter. Für Steckarbeiten im „Spotlight“, um Floristisches spektakulär zu präsentieren.

Technik:
Stecken in Schaum. Auch Bündeln möglich. Freies Binden mit Rebdraht oder Bast.

Merke:
Stapeln hat viel mit Reduktion von Vielfalt zu tun (Herkunft: Niederlande, 60er und 70er Jahre). Beim Üben mit nur einem oder zwei Werkstoffen hilft dieses Arbeiten das Spektrum der Variationen zu erweitern.

Werkstoffe: Dracaena fragrans, Craspedia globosa, Aeonium manriqueorum

Merke:
Der Schwung der Dracaena formt eine bewusste Überschneidung, bleibt jedoch quantitativ nur Akzent. Die Mehrheit der Linien verläuft senkrecht, deshalb ist diese Arbeit der parallelen Linienführung zuzuordnen.

Anmutung:
Eine Galerie der Formen. Wie gerade hingestellt. Es geht um nichts anderes als die Form und ein wenig auch um die Linie. Jede hat ihren Platz.

Anwendung:
Raumschmuck und Raumteilung. Auf Rezeptionen, Empfangstischen, Countern. Vor Displays. In Eingängen.

Technik:
Stecken in Schaum oder Kenzan. Binden mit Rebdraht und Bast.

Werkstoffe: Phyllostachys spec., Hippeastrum vittatum, Anthurium-Andreanum-Hybriden, Araucaria araucana, Dracaena marginata 'Tricolor', Aeonium haworthii, Aloe div.

Anmutung:
Sorgfältig konstruiert und geformt. Wie eigens erbaut, um die Floralien zu tragen, meint der erste Eindruck. Aber auch asymmetrisch und dynamisch.

Anwendung:
In vielfältigen Positionen einsetzbar: gestellt, gehängt, schwebend. Ein interessantes Objekt, das zur Kommunikation anregt.

Technik:
Freies Binden mit Rebdraht oder Bast. Dann Stecken in Schaum oder als stehendes, gebundenes Werkstück in wassergefüllter Schale. Oder auch mit Wasserreservoirs (Glas- oder Zinkröhrchen) auf Stein gearbeitet.

Merke:
Diese Arbeit demonstriert ein relativ junges Feld von floralem Design, das viele Möglichkeiten eröffnet. Wichtig ist die Entscheidung, ob Grundform oder freie Floralien mengendominant sein sollen (s. Werkformen).

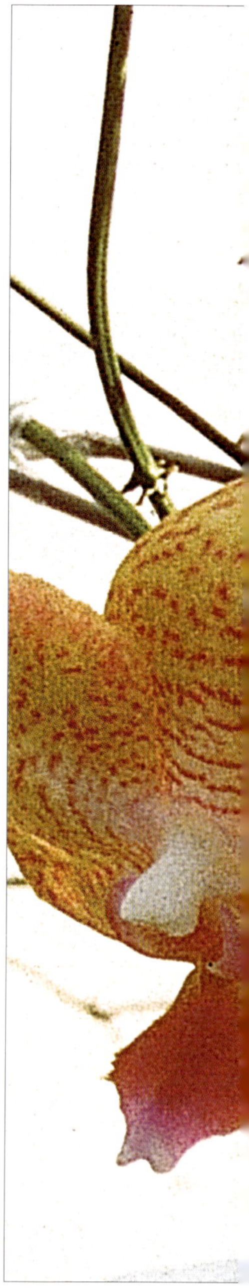

Werkstoffe: Vanda Rothschildiana, Sedum nussbaumerianum, Haworthia fasciata, Jasminum officinale

Merke:
Wickeln macht Spaß. Doch auch hier kommt es auf die Entscheidung an, ob Werkform oder nicht modifizierte Floralien das Werkstück dominieren sollen (z.B. 3:8, 8:3).

Anmutung:
Erkennbare Werkform. Die Hand des Menschen hat das Pflanzenteil selbst in eine neue Form verändert. Wie ein Ornament aus gewachsener Natur. Beim Wickeln mit Floralien liegt ein Akzent auf Pflanzensegmenten wie Stöckchen, Ästen, Wurzeln, langen Blättern. So kann auch die Funktion des Fixierens, Festbindens im Arrangement deutlich gezeigt und in eine ästhetische Funktion überführt werden.

Anwendung:
In allen Bereichen. Diese Werkform kann vielfältig eingesetzt werden, mit Ausnahme des vegetativen Gestaltens, wo nur Gewachsenes in seinem Ambiente gezeigt wird.

Technik:
Wickeln von Ackerwinde, Jasmin, Clematisranken. Im mehr dekorativen Bereich auch Draht, Kordel, Wolle, Leder.

Werkstoffe: Zantedeschia rehmannii, Jasminum officinale, Echeveria agavoides, Equisetum palustre

Anmutung:
Oberflächenbetont. Streng. Dicht. Ornamental. Musterdominiert. Hebt die geometrische oder auch die nicht geometrische Form hervor. Lässt trotzdem einen Sammelpunkt im Innern vermuten.

Anwendung:
Wandbilder. Kugeln und andere Körper aus frischen oder trockenen Floralien. Flache Tischdekorationen.

Technik:
Kleben auf verschiedenste Unterlagen. Stecken in Schaum. Schichten. Legen (s. F. J. Wein). Bündeln und Einklemmen.

Merke:
Texturen auf festen Körpern sind ideale Werkstücke, die sich beim Einsatz in unruhigen Umgebungen optisch gut von diesen absetzen.

Werkstoffe: Xerophyllum asphodeloides, Rosa-Hybriden, Echinacea purpurea, Equisetum palustre, Lunaria annua

Anmutung:
Reizvoll. Fordert zur eingehenden Betrachtung auf. Nach innen gestaltet. Floraler Schwerpunkt auf der Oberfläche und innerhalb des Geflechts. Nicht nur radial oder parallel angeordnet: Die Werkstoffe liegen, stehen, fließen in alle Dimensionen. Aus manchen Blickwinkeln verdecken Pflanzenteile einander.

Anwendung:
In allen Bereichen. Weil auch die Natur selbst strukturiert, lässt selbst die Vegetative Gestaltung in Ansätzen Strukturhaftes zu, auch wenn sie nie stilisiert oder Handwerk erkennbar werden lässt.

Technik:
Binden. Stecken in Schaum. Arbeiten in florale Grundformen. Sogar Pflanzen möglich. Verschiedenste Werkstoffe von frisch bis trocken einsetzbar.

Werkstoffe: Calendula officinalis, Sandersonia aurantiaca, Equisetum palustre, Echeveria agavoides, Aristea cyanea

Anmutung:

Kaskadenartig. Weich. Fließend. Über die Kante springend, dann steil hinabfallend. Oben wie leicht in- und übereinandergewachsen, sich im Fall gleichmäßig lösend.

Anwendung:

Dekoration auf Kaminen, Gesimsen, Altären. Auf Galerien, Bühnenkanten. Auf hohen Möbeln.

Technik:

Meist Stecken in Schaum. Stecken in Gefäße mit Gittern. Auch freies Binden mit Rebdraht oder Bast in eine Grundform.

Merke:
Darauf achten, dass die Mehrheit der fallenden Linien wirklich senkrecht und parallel laufen, um den Fluss zu gewährseisten.

Werkstoffe: Equisetum palustre, Jasminum officinale, Zantedeschia rehmannii, Gloriosa Rothschildiana, Hoya linearis, Euonymus europaeus

Merke:
Die Arbeit verjüngt sich nach unten, um nicht vom Blickpunkt im oberen Drittel abzulenken.

Anmutung:
Umriss signalhaft. Aber nicht nur die kollektive Gesamtform zählt, die einzelne Floralie bleibt formales Individuum. Dekorativ. Hier mit deutlichem Bezug zum einzelnen Pflanzenteil. Die Gestaltung nach innen durch übereinandergestellte Pflanzenteile gibt dem Werkstück Tiefe.

Anwendung:
Auf Säulen oder Ständern. Auf höheren Möbeln. Als Altarschmuck.
In Form von Sträußen. Als Brautstrauß.

Technik:
Binden im Strauß. Stecken in Schaum. Stecken in Gitter.

Werkstoffe: Monstera deliciosa, Dracaena fragrans, Sandersonia aurantiaca, Equisetum palustre, Echeveria agavoides, Aristea cyanea, Gomphocarpus fruticosus

Merke:
Hier definiert der Farbakzent den Blickpunkt: Die weißen Calla dominieren zwar mengenmäßig, treten jedoch gegenüber der gelben Basis deutlich in den Hintergrund.

Anmutung:
Abfließend. Üppig. Exotisch. Mit vielfältigen Formen über- und nebeneinander. In der Graduierung des Dekorativen am unteren Ende der Skala angesiedelt. Eine Werkform wird besonders deutlich: strukturiert. Linienverläufen kommt also eine wichtige Rolle zu.

Anwendung:
Auf Säulen, Kuben, hohen Möbeln. Nicht unbedingt für Frontal-, sondern mehr für Seitenansicht geeignet. Auch auf filigranem Ständer als Schmuck vor oder am Rednerpult.

Technik:
Stecken in Schaum. Binden als Strauß mit Grundform. Freies Binden in Grundform, auf flacher Schale stehend.

Werkstoffe: Strelitzia reginae, Solanum, Asparagus scandens var. deflexus, Zantedeschia aethiopica, Vanda Rothschildiana, Asclepias physocarpa, Anthurium-Andreanum-Hybriden, Equisetum palustre, Asclepias fruticosa, Leucospermum cordifolium

Anmutung:

Kleinteilig. Lieblich. Verspielt. Schlicht. Herabfließend. Frühlingshaft. Zart. Trotz eher kühler Umgebung romantisch. Leichte Anklänge an Landhausstil. In Mittel- und Nordeuropa beliebt.

Anwendung:

In romantischer, heimeliger Umgebung, passend zum Landhausstil, zu ländlichen Kleidern, Spitzendeckchen, alten Möbeln einfachen Sujets. Als gebundener Strauß oder Brautstrauß. Als kleines Gesteck.

Technik:

Stellen in Vasen. Stecken in Gitter. Binden als Strauß. Stecken in Schaum: Schaum dabei etwas über der Gefäßkante stehen lassen und zarten, flexiblen Werkstoff über die Kante herabfließen lassen.

Merke:

Der Blickpunkt dieser Arbeit ist in einem Winkel von etwa 45° dem Betrachter zugewandt.

Werkstoffe:
Viola wittrockiana,
Tulipa-Hybriden,
Muscari botryoides,
Jasminium officinale,
Tillandsia usneoides

Werkstoffe: Anthurium-Andreanum-Hybriden, Echeveria agavoides, Hyazinthus orientalis, Eremurus bungei, Hippeastrum vittatum, Tulipa gesneriana, Dracaena marginata 'Tricolor', Viburnum opulus 'Sterile', Cornus mas

Anmutung:
Sehr radial. Sich nach allen Seiten hin öffnend. Im Gefäß zusammenlaufend.

Anwendung:
Im Geschenkbereich. Als Raumschmuck in Töpfen und Schalen. Als gestaffelt gebundener Strauß.

Technik:
Stecken in Schaum. Binden mit Bast zum Strauß.

Merke:
Selbst innerhalb derselben Gestaltungsart eröffnet der Einsatz des Sammelpunktes auf verschiedenen Höhen viele Variationsmöglichkeiten.

Merke:
Texturen sind im Allgemeinen Werkformen. Dieses Werkstück hingegen wirkt sehr natürlich – wenn es auch eine gestaltete Oberfläche darstellt.

Anmutung:
Gebirgsbewuchs, vom Wetter gezügelt, wie bodennahe Kriechgewächse, Flechten, Moose. Bescheiden. Genügsam. Dicht an dicht, nicht übereinander, eng an den Boden geschmiegt. Lebensnah. Natürlich.

Anwendung:
Flächengestaltung am Boden oder auf Tischen. In flachster Form sogar als Tischdekoration. „Akademische" Arbeit, in der Praxis eher selten eingesetzt.

Technik:
Legen. Pflanzen in Substrat. Feststecken mit Haften auf feuchtem Steckschaum.

Werkstoffe: Geum borisii, Viola cornuta, Euonymus radicans

Anmutung:

Geschichtet. Gewickelt. Die Werkformen dominieren. Pflanzenteile wurden bearbeitet, verändert. Neue Formen entstehen. Sehr handwerkliche Anmutung, der Arbeitsprozess wird sichtbar.

Anwendung:

Vielfältige Einsatzmöglichkeiten. Wichtiges Hilfsmittel zur Akzentuierung in der dekorativen Floristik: Schichtung von Blüten, Blättern, Früchten, Samen, Rinden, Schotenketten zur Betonung von Blickpunkten, für Umrandungen etc.

Technik:

Bündeln. Schichten. Abschnitte durchlöchern, aufspießen, auffädeln.

Merke:
Aus Geschichtetem, Aufgefädeltem oder Aufgespießtem ein komplettes Werkstück zu fertigen, ist eher ungewöhnlich und zählt mehr zum Bereich des floralen Kunsthandwerks. In der Trockenfloristik, vielleicht auch für Brautsträuße können solche Arbeiten jedoch durchaus reizvoll sein.

Werkstoffe: Lunaria annua, Papaver nudicaule, Jasminum officinale, Echeveria agavoides

Merke:
Da hier Pflanzen verschiedener Florenreiche vor allem nach dem Kriterium der Farbigkeit zusammengeführt werden, handelt es sich aus deutscher Sicht um eine dekorative Gestaltung. Doch im Süden Japans z.B. etwa wachsen alle diese Pflanzen in einer Umgebung. Deshalb kann bei der Gestaltung des Vegetativen die gemeinsame botanische Herkunft nur eine generelle Leitschnur sein:
Auch, was miteinander wachsen könnte, darf kombiniert werden.

Anmutung:
Dickichtartig verschlungen, wenn auch mit eingearbeiteten Effekten wie Knicken und Bündeln. Ein Farbthema ist erkennbar. In der Graduierung im unteren Bereich des Dekorativen mit Nähe zum Vegetativen angesiedelt (2-3). Kulissenartig.

Anwendung:
Als Raumteilung oder Sichtschutz mit farbiger Fokussierung.
Zur Bühnengliederung.

Technik:
Stecken in Schaum, Steckgrund mit Sand, Moos oder Blättern bedecken. Freies Binden mit Rebdraht oder Bast. Feste Stäbe oder Zweige (hier Weide) als tragende Grundform.

Werkstoffe: Tulipa-Hybriden, Hyazinthus orientalis, Hippeastrum vittatum, Salix caprea, Taiwan „silk", Eukalypthus gunnii, Echeveria agavoides, Anigozanthos-Hybriden, Viburnum opulus 'Sterile'

Anmutung:

Leicht. Auf das Wesentliche reduziert. Sich aus einem Punkt entwickelnd. Formen und Linien kontrastieren, trennen sich klar voneinander. Jedes Pflanzenteil hat seinen eigenen Wirkungsbereich. Die Mehrheit ist nach unten ausgerichtet. Mathematisches Mengenverhältnis: drei Teile in die Höhe, fünf in die Breite, acht nach unten orientiert.

Anwendung:

Als Gesteck. Als Handstrauß oder Brautstrauß mit Naturstielen. Als Akzent in privaten Räumen: auf Regal, Sideboard oder Schrank.

Technik:

Stecken in Schaum oder Kenzan. Binden mit Bast. Oder Drahten und mit Tape abwickeln. Brautstrauß mit Moos fertigen (s. Weihenstephan).

Werkstoffe: Hoya linearis, Dracaena fragrans, Billbergia nutans, Anthurium-Andreanum-Hybriden, Asparagus asparagoides, Aristea cyanea, Euonymus europ., Hedera helix 'Canariense'

Werkstoffe: Hypericum calycinum, Crassula argentea, Hydrangea petiolaris, Eucalyptus gunnii

Anmutung:
Regelmäßig gerundeter Körper mit ungleichmäßiger Oberflächengestaltung. Dennoch klar erkennbare Ordnungsart. Die Form des Körpers dominiert, die florale Oberfläche ist sein dekoratives Kleid. Die Werkform und damit die Arbeit der gestaltenden Hand wird sichtbar.

Anwendung:
Als florales Wohnaccessoire. Als Wand- oder Deckenschmuck, meist trocken oder eintrocknend. In originellen Umsetzungen im Geschenkbereich.
Als weihnachtliches Deko-Accessoire.

Technik:
Stecken. Kleben. Legen. Haften. Wickeln.

Merke:
Auch im Bereich der Textur greifen Graduierungen – Übergänge bestehen zu vielen anderen Definitionen, etwa zur Struktur oder zum Naturhaften:
So wird Graduierung zur Aufforderung zu gestalterischer Vielfalt.

Merke:
Konstruiertes muss nicht steif aussehen. So können Blumen die Konstruktion führen oder umgekehrt von der Konstruktion getragen werden.

Anmutung:
Turmartig „eingerüstet“. In eine Konstruktion hineingearbeitet. Freie florale Formen, in einem tektonischen Rahmen gebändigt. Blumen wirken leicht eingesperrt, reichen jedoch sichtbar immer wieder über die Begrenzung hinaus.

Anwendung:
Wegen guter formaler Trennung gerade vor unruhigen Hintergründen, etwa als Raumschmuck bei lebhafter Einrichtung. Als Buffetdekoration. An Rezeptionen oder Tagungs-und Empfangstischen. Vor lebendiger Parkkulisse, wenn draußen angewandt.

Technik:
Stecken in Schaum. Freies Binden, mit eingebundenen Blumen auf Schale mit Wasser gestellt. Wasserfläche mit Wasserlinsen oder Grund mit Sand und Steinen gestaltet.

Werkstoffe: Equisetum, Equisetum palustre, Viburnum opulus 'Sterile', Tulipa-Hybriden, Narcissus tazetta

Merke:
Geflochtenes erlaubt extrem flache Gestaltung und gleichzeitig starke Ausstrahlung nach vorn. Der Einsatz unterschiedlichster Wasserbehälter hat die Möglichkeiten in dieser Werkform revolutioniert.

Anmutung:

Gespinst. Gewebe. Florales Geflecht. Blumen, zart umsponnen, frei hängend. Leicht. Transparent. Florales und Textiles in überraschender Kombination (Verhältnis 8:3). Eine Werkform, die sehr natürlich wirkt.

Anwendung:

In der Warenpräsentation. In Geschäften und Ausstellungen.
Als Dekoration am Rednerpult. Als Altarschmuck bei Hochzeiten.
Als Bühnenschmuck. Oder dauerhafter Schmuck als Wandteppich in der Trockenfloristik.

Technik:

Flechten. Binden mit Bast oder Rebdraht, mit Naturrohr oder Glasröhrchen als Wasserreservoir. Trocken mit eingeflochtenen oder ein- bzw. aufgeklebten Blüten, Samen, Kapseln, Blättern etc.

Werkstoffe: Phalaenopsis-Hybriden, Aristea cyanea, Chrysalidocarpus lutescens, Viburnum opulus 'Sterile', Vanda Rothschildiana

Anmutung:

Formen über Formen. Pflanzenpersönlichkeiten im dynamischen Tanz mit unterschiedlichsten Winkeln und Bewegungsrichtungen. Allianz des Besonderen. Der imaginäre Sammelpunkt der Linien liegt unterhalb des Gefäßes.

Anwendung:

Als Gesteck in Schalen, Töpfen, Vasen. Als Strauß oder Brautstrauß.

Technik:

Stecken in Schaum oder Gitter. Binden zum Strauß. Binden zum Brautstrauß mit Naturstielen oder in Drahttechnik (+Tape).

Merke:

Die Möglichkeit, den Sammelpunkt tief unter das Gefäß zu legen, erweitert das Gestaltungsspektrum, etwa durch die Möglichkeit zum gezielten Spannungsaufbau: Aus einer starken Mitte öffnen sich punktuell und reduziert Formen in andere Dimensionen (hier: zur Seite, nach unten).

Werkstoffe: Zantedeschia rehmannii, Heliconia caribea, Kalanchoe tubiflora, Epiphyllum anguligerum, Beaucarnea recurvata, Strelitzia reginae, Zygopetalon brachypetalum

Merke:
Voraussetzung für formal-lineares Arbeiten ist die genaue Kenntnis der Formen und ihrer Gesetzmäßigkeiten. Für das Arbeiten in nach unten gerichteten Proportionen gilt diese Forderung noch mehr. Gleichzeitig stellt es hohe Ansprüche an technisches Geschick und das Gespür für die Möglichkeiten, die einem Werkstoff innewohnen.

Anmutung:
Wie Schlangen, die sich über einen Felsen nach unten winden. Nicht in aktiver Bewegung, sondern passiv der Schwerkraft ausgeliefert. Formen und Linien im freien Raum. Im parallelen Fluss nach unten.

Anwendung:
Raumschmuck im modernen Raum mit ruhiger Gestaltung.
Auf höheren Möbeln oder Gesimsen.

Technik:
Stecken in Schaum. Binden in florale Grundform, in Schale mit Wasser gestellt. Blumen mit weichen Stielen (Calla, Tulpen etc.) mit Draht gestützt.

Werkstoffe: Tulipa-Hybriden, Dracaena fragrans., Viburnum opulus 'Sterile', Tillandsia xerographica, Echeveria agavoides, Equisetum palustre, Vanda Rothschildiana, Zantedeschia rehmannii, Anthurium-Andreanum-Hybriden, Rhipsalis capilliformis, Dichorisandra thyrsiflora, Hypericum calycinu

Anmutung:

Wie ein fülliger Strauß, hochgestellt auf ein Gefäß. Mit herabfließenden, zarten Formen. Hier werden Sehgewohnheiten in der Floristik umgekehrt: Blickpunkt und Gewicht liegen oben, der untere Teil des Werkstücks wird zum Fuß, zum Untergestell.

Anwendung:

Gesteck für große, runde Tische. Hochgestellte Sträuße auf flachen Schalen und Vasen.

Technik:

Stecken in Schaum. Biegbarkeit und Flexibilität von Naturstielen werden genutzt, um oben Fülle zu schaffen. Die Rosette aus Schachtelhalmen ist innen mit Draht gestützt. Der Strauß zum Aufstellen kann mit Ringelfuß, Bündelfuß o.a. gearbeitet werden.

Merke:

Sammel- und Blickpunkt müssen nicht immer identisch sein. Hier sind sie es jedoch. Die Mehrheit der Linien sammelt sich im oberen Drittel; die unteren Linien laufen weniger ausdrucksvoll zu einem beinahe gleich aussehenden Bündel zusammen.

Werkstoffe: Rosa-Hybriden, Lysimachia, Equisetum palustre, Hoya linearis, Jasminum officinale, Tillandsia usneoides

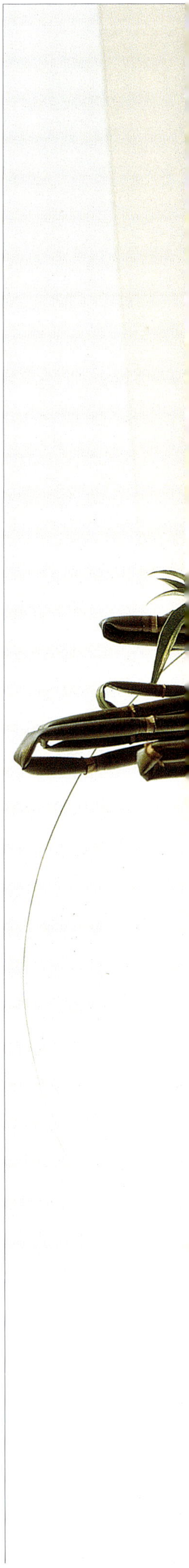

Merke:
Das Arbeiten von mehreren Werkstücken zur Einheit erfordert große Sicherheit:
Es geht nicht allein um die Einheit, sondern auch um das stete Spiel mit Variationen zur Unterhaltung des betrachtenden Auges.

Anmutung:
Mehrere radiale Werkstücke, die erkennbar eine Einheit bilden. Nicht nur auf Grund der gleichen Werkstoffe und der Steckweise: auch durch das gemeinsame Streben auf einen Wuchsmittelpunkt zu, der weit unter der Standfläche liegt.

Anwendung:
Die Reihung von Werkstücken auf breiten oder langen Stellflächen bietet sich an bei Tischen, Bühnenkanten, Gesimsen, Galerien.

Technik:
Stecken in Schaum. Auch Binden in florale Grundform in starker Gruppierung.

Werkstoffe: Salix caprea, Sandersonia aurantiaca, Tulipa-Hybriden, Hedera helix, Viburnum opulus 'Sterile', Echeveria agavoides

Anmutung:
Ein kräftiger Punkt. Kompakt. Dicht. Aufgefädelt. Geschichtet. Eingewunden. Hohe Wirkung auf engem Raum auf Grund des kreisförmigen Ornaments.

Anwendung:
Straußbinderei für persönliche, emotionale Anlässe. Auch als Trocken- und Hochzeitsfloristik. Dekoration an Tisch-, Altarkanten etc. Gebunden, gedrahtet oder einfach nur gesteckt.

Technik:
Fädeln auf Draht. Stecken in Schaum. Hier mit eingeschlungenem Efeu und einem Zopf, der über die Tischkante herabfließt.

Merke:
Auffädeln der Floralien ohne Wasserversorgung kann nur mit Werkstoffen geschehen, die ohne gravierende Veränderungen in Struktur und Farbe eintrocknen.

Werkstoffe: Rosa-Hybriden, Lunaria annua, Hedera helix, Ranunculus-Hybriden

Anmerkung:
Gebündelt. Geschichtet. Dazwischen „freie" Floralien, die verbinden und Blickpunkte schaffen. Geistreich. Spontan. Das Handwerk ist deutlich erkennbar.

Anwendung:
Jahreszeitliche Floristik besonders für den Herbst, wenn es eine Fülle von Materialien zu sammeln gibt. Frisch- und Trockenfloristik. Sträuße. Gestecke.

Technik:
Vielfältige Möglichkeiten: Aufspießen auf Hölzchen. Fädeln auf Draht. Bündeln mit Bast etc. Schichten. Legen. Binden. Stecken in Schaum. Und vieles mehr.

Merke:
Eine faszinierende Werkform, die es versteht, mit begrenzten Mitteln viele Details zu schaffen. Doch bei aller Faszination an dieser Werkform sollten die Blumen nicht zu kurz kommen. Auch darf der sorgfältige und achtsame Umgang mit den Floralien nicht vergessen werden: Beschädigte Pflanzenteile degradieren die Arbeit.

Werkstoffe: Tulipa-Hybriden, Aeonium holochrysum, Galax aphylla, Lunaria annua, Xerophyllum asphodeloides

Anmutung:
Bizarr. Skulpturhaft. Originell. Ungewöhnlich. Dominiert von der Form. Spannend. Extrem, dennoch Anderem Raum lassend. Stark reduzierte Darstellung.

Anwendung:
Als Schmuck für aufregende Gefäße. Für floristische Akzente im modernen, zurückhaltend gestalteten Raum.

Technik:
Stecken in Schaum oder auf Kenzan. Binden mit Bast. Binden in Rikka-Technik, wobei die Werkform auf einen Splint gesetzt wird, der unter Wasser liegt.

Merke:
Wer auf pflanzliche Schönheit aufmerksam machen möchte, der reduziere.

Werkstoffe: Kalanchoe beharensis, Magnolia grandiflora, Kalanchoe tubiflora, Zygopetalon brachypetalum, Crassula rupestris

Merke:
Neben den Blumen können auch einmal andere Dinge im Focus der Aufmerksamkeit stehen: So wie hier die fast graphisch anmutende Konstruktion, von der sie getragen werden.

Anmutung:
Statisch. Gleichmäßig. Ornamental. Nahezu sakral. Die Pflanze unterwirft sich der Konstruktion. Die Blume fügt sich der Architektur, dem Design der Umgebung.

Anwendung:
Überall da, wo die Pflanze hinter die Ausdruckskraft von Raum und Kunst zurücktritt: Auf Kunstausstellungen. Auf Altären.

Technik:
Eingearbeitet in Wand- oder Deckengehängen. An oder auf Ständern. Oder wie hier montiert und angelehnt oder gehängt.

Werkstoffe: Phalaenopsis-Hybriden, Rhipsalis cassytha, Salix caprea

Anmutung:

Heraldisch. Graphisch. Symbolhaft. Gleichmäßig. Zeichenhaft, als ob eine Bedeutung innewohne. Formen haben Raum zur Entfaltung. Nebeneinander verlaufende Linien.

Anwendung:

Dekoration im symmetrisch gegliederten, postmodern gestalteten Raum: wie etwa der typischen Architektur der 80er, mit ornamental-reduzierten Formen (Kreis, Rhombus, Dreieck etc.)

Technik:

Stecken in Schaum, Steckgrund mit Sand oder Moos bedecken.

Merke:
Floristik dieser Art ist nicht sehr populär; doch in Wechselwirkung mit entsprechendem Ambiente kann sie angenehm überraschen: Exotisch anmutende Hotels am Meer.

Werkstoffe: Heliconia, Lilium longiflorum, Aloe, Ranunculus-Hybriden, Kalanchoe tubiflora, Chamaerops humilis, Zantedeschia rehmannii, Galax aphylla

Werkstoffe: Heliconia, Rosa-Hybriden, Beaucarnea recurvata, Anthurium-Andreanum-Hybriden, Tillandsia usneoides, Dracaena indivisa 'Parey', Kalanchoe tubiflora, Nelumbo nucifera, Cornus alba sibirica, Hoya linearis

Merke:
Diagonales kann nicht immer frei in den Raum gestellt werden. Oft gehört ein architektonisches Element (hier die senkrechte Gliederung des Hintergrundes) dazu, um eine glaubwürdige „optische Statik" aufzubauen.

Anmutung:
Montiert. Fixiert. Handwerklich, artifiziell. Dynamisch aus der Mittelachse ausbrechend. Spiel mit Balancen, Verdichtung und Auflösung. Jede Floralie hat ihre eigene Wirkungszone.

Anwendung:
Als Geschenk für unkonventionelle Empfänger. Trockenfloristik. Als florales Objekt im modernen Raum.

Technik:
Binden mit Rebdraht oder Bast. Drahten mit Schmuckdraht in metallischen Farben. Stecken in Schaum. Straußartig Stellen in Vase.

Werkstoffe: Zantedeschia rehmannii, Protea optusifolia, Kalanchoe tubiflora, Cornus alba sibirica, Akacia, Nelumbo nucifera, Crassula rupestris, Leucadendron salignum

Merke:
Das Spiel mit Balancen und Sehgewohnheiten, die pfiffig-freche Interpretation bereiten auch dem Gestalter beim diagonal definierten Linienverlauf großes Vergnügen.

Anmutung:
Seitwärts driftend. Treibend. Exotisch. Linienbetont. Aus einzelnen Punkten emporwachsend. Einseitig gewichtet. Graphisch. Ungewöhnlich in Form gebracht.

Anwendung:
Auf Sideboards oder Rezeptionen. Auf Gesimsen. Wo der Raum nach oben begrenzt ist, aber ausreichend Platz in der Breite vorhanden ist.

Technik:
Stecken in Schaum. Freies Binden in florale Grundform.

Merke:
Eine verbreitete, zeitgenössischere und sympathische Gestaltungsart – doch Vorsicht vor Manierismus!

Anmutung:
Von unterschiedlichen Ausgangspunkten in unterschiedlichen Mengen und Dimensionen weich übereinander hinfließende, dann herabfallende Floralien.

Anwendung:
Auf hohen Möbeln. Auf Gesimsen, Galerien, Absätzen. Auf Sideboards. Als Altarschmuck. Auf Stellwänden.

Technik:
Stecken in Schaum. Als kurzgeschnittene Strauß-Touffs. Stellen in Gitter. Stellen auf Kenzan.

Werkstoffe: Zantedeschia rehmannii, Aristea cyanea, Muehlenbeckia complexa, Rosa-Hybriden, Lilium longiflorum, Salix matsudana 'Tortuosa', Galax aphylla, Hoya linearis

Merke:
Manchmal hilft das Gestaltungsschema, bereits Gefertigtes zu erklären. Hier half es, Neues zu entwickeln.

Anmutung:
Frech. Dynamisch. Spontan „hingezaubert". Ungewohnt. Schräg. Modern.

Anwendung:
Als Altarschmuck. Auf Säule oder Ständer am Rednerpult. In Korrespondenz zu einer Raumschräge. Trocken oder frisch als Wandschmuck, aufgehängt in einer länglichen Schale.

Technik:
Stecken in Schaum. Freies Binden mit Rebdraht in einer Grundform, dann Stellen in längliche Schale mit Wasser.

Werkstoffe: Equisetum palustre, Ranunculus-Hybriden, Phormium tenax, Hedera helix 'Erecta', Curcuma amada, Zantedeschia rehmannii, Echinacea purpurea

Merke:
Beim Vegetativen mit nach unten gerichteten Proportionen kommt es auf das authentische Nachbilden des natürlichen Wuchsverhaltens an – nichts wird gezwungen, gedrückt oder mit Gewalt herabgezogen.

Anmutung:
Frei. Natürlich herabfallend. Wie zwischen Felsspalten herausquellend: einige Ranken, Trockenes aus dem Vorjahr dazwischen. Die Pflanzen sind nicht statisch aufgereiht, sondern von der Spontanität der Natur mitgerissen.

Anwendung:
Als natürlicher Akzent im modernen, reduziert gestalteten Raum. Als dezente Untermalung, wo andere Gestaltungen im Vordergrund stehen sollen.

Technik:
Stecken in Schaum, Steckgrund mit natürlichen Materialien abdecken. Flache, in Form und Farbe dezent-schlichte Schalen wählen.

Werkstoffe: Lysimachia, Tulipa-Hybriden, Jasminum officinale, Fallopia japonicum

Anmutung:
Kühl. Gegensätzlich. Interessant. Viel Form, wenig Farbe.
Die freie, florale Form der Heliconia dominiert, das sauber Gefädelte dient nur als Begleitung.

Anwendung:
Frisch- und Trockenfloristik mit exotischen Pflanzen. In Vasen, aber auch als Wandschmuck.

Technik:
Seltene Verbindung von Form und Handwerk, zudem hier nach unten ausgerichtet. Aufgeschichtet. Aufgefädelt.

Werkstoffe: Heliconia, Rosa-Hybriden, Aristea cyanea, Crassula perforata, Rhipsalis cassutha, Cornus alba sibirica

Werkstoffe: Kalanchoe tubiflora, Aristea cyanea, Rhipsalis cassutha, Jasminum officinale, Phalaenopsis-Hybriden

Anmutung:

Formen, die sich bedächtig hinabschrauben. Ineinander verschlungene Blätter, Ranken, Blüten, die sich im Fall entwinden oder verwinden.

Anwendung:

Auf höheren Stellplätzen: Regalen, Ständern, Säulen, Gesimsen, Altären.

Technik:

Stecken in Schaum. Binden mit Rebdraht oder Bast in florale Grundform. Stecken in Gitter aus natürlichen Materialien. Oftmals auch Binden, um die Windungen leicht zu fixieren.

Merke:
Beim Verweben von floralem Werkstoff soll die gewobene Form nicht nur als Unterlage gelten, sondern auch über eventuell vorhandenen Blumen liegen.

Anmutung:
Denkmalartige, skulpturhafte Darstellung von Leben und Tod durch die spannungsreiche Verquickung von lebenden und trockenen Floralien. Trockenes als Tragwerk mit der Aufgabe, die lebenden, im Wasser stehenden Blumen zu präsentieren.

Anwendung:
Als Raumteilung und Sichtschutz. Auf Ständern als dekorativer Raumschmuck. In Kirchen als Hochzeitsschmuck. Hervorragend auch als reine Trockenfloristik geeignet. Frei im Raum hängend oder an Wänden auch mehrdimensionales Arbeiten möglich.

Technik:
Flechten. Binden. Auch Kleben. Für frische Floralien Wasserreservoirs verwenden.

Werkstoffe: Papaver nudicaule, Phyllostachys spec., Zantedeschia rehmannii, Muehlenbeckia complexa, Aristea cyanea

Merke:
Besonders bei flachen Arbeiten sorgt der nicht-geordnete Linienverlauf durch die Vielzahl der Winkel und Linien für reizvolle Spannung.

Anmutung:
Ordnung im Chaos. Interessant und spannend: die Freiheit der Linien in einem klar definierten System. Was aussieht wie kreuz und quer verlaufend, gehorcht letzen Endes eindeutigen Gestaltungsregeln: Die Ordnung ist geklärt, die Gestaltung erkennbar, Präparationen sind entschieden, die Linien frei angeordnet.

Anwendung:
Als Tischschmuck für Konferenztische und größere Tafeln. Auf Raumteilern. Auf Buffetschränken und Sideboards. Auf Kaminen. Im Schaufenster.

Technik:
Stecken in Schaum. Besonders reizvoll: Freies Binden, dann Stellen in flache Schale mit Wasser.

Werkstoffe: Liatris spicata, Rosa-Hybriden 'Black Beauty', Cestrum aurantiacum, Tulipa-Hybriden, Xanthorrhoea australis, Zygopetalon brachypetalum

Anmutung:

Modern. Frei. Dennoch üppig-schmuckvoll. Trotz der Werkstoff-Vielfalt und starken Gruppierung entsteht Fülle. Dekorative Gestaltungsart ist unverkennbar. Die Linien sammeln sich tief unter dem Gefäß, daher entsteht oberhalb eine große Ausdehnung in der Breite.

Anwendung:

Als Raumschmuck. In Bodenvasen. Auch für offiziellere Anlässe. Zur Warenpräsentation in Geschäften. Haltbar auch in warmen Räumen.

Technik:

Stecken in Schaum, Gitter, Maschendraht. In Straußform mit Sammelpunkt in der Basis.

Werkstoffe: Heliconia, Strelitzia, Anthurium-Andreanum-Hybriden, Muehlenbeckia complexa, Anigozanthos-Hybriden, Kalanchoe beharensis, Curcuma amada, Zantedeschia rehmannii, Strelitzia reginae, Ligularia japonica, Echinacea purpurea, Aeonium holochrysum, Cornus alba sibirica

Merke:
Je reduzierter die Gestaltung, desto wichtiger wird das Vorhandene: Proportionen, Mengen, Längen, Tiefen, Kontraste – alles hat seine Bedeutung. Nichts kann überspielt oder verwischt werden, jedes florale „Statement“ muss sitzen (vgl. Strukturfloristik).

Anmutung:
Sich kreuzende Linien in passiver Abwärtsbewegung. Wenige Formen, im Wechselspiel mit- und gegeneinander. Dialog der Figuren und Persönlichkeiten. Farbe tritt dahinter zurück.

Anwendung:
Auf höheren Stellplätzen mit Frontansicht. In einer oder mehreren flachen Schalen besonders vor formal und farblich reduzierten, fast leblosen Hintergründen wie z.B. Beton.

Technik:
Stecken in Schaum. Freies Binden mit Rebdraht oder Bast.

Werkstoffe: Zantedeschia rehmannii, Zantedeschia aethiopica, Equisetum palustre, Cestrum aurantiacum, Lilium longiflorum, Rhipsalis cassytha, Aristea cyanea

Anmutung:

Trilogie. Gruppierung von in Relation gleichmäßig verteilten Floralien mit jeweils eigenen Sammelpunkten. Steigerung der Breite bis zur Reihung möglich. In die Vertikale gestreckt. Rythmisch. Blickpunkte im unteren Drittel.

Anwendung:

Auf Altären, Kaminen, Gesimsen. An Bühnenkanten. Auf Galerien. In Nischen.

Technik:

Stecken in Schaum. Binden, in einzelne Vasen gestellt.

Merke:

Arbeiten in mehreren Gruppen haben zwar in allen Segmenten viele Übereinstimmungen, doch lassen sie auch individuellen Spielraum. Bei sehr ornamentaler Gestaltung kann dieser auch durch präzise, kleinteilige Wiederholung genutzt werden.

Werkstoffe: Agapanthus orientalis, Equisetum palustre, Aristea cyanea, Lilium longiflorum, Hyazinthus orientalis, Galax aphylla, Kalanchoe tubiflora, Muehlenbeckia complexa

Werkstoffe: Beaucarnea recurvata, Cornus alba sibirica, Kalanchoe tubiflora, Galax aphylla, Hyacinthus orientalis, Hedera helix 'Erecta', Agapanthus orientalis, Tulipa gesneriana

Merke:
Den Unterschied zwischen formal-linearen und dekorativen Arbeiten macht manchmal nur die Quantität der Floralien aus. Bei der gezeigten Arbeit liegt eine besondere Herausforderung darin, die Seitenneigung nicht wie ein Kippen wirken zu lassen.

Anmutung:
Experimentell. Entgegen üblichen Sehgewohnheiten. Einseitig geneigt. Reich an Formen, aber reduziert in der Menge. Die geneigte Achse als Medium der Überraschung. Neben den Blüten emanzipiert sich das Grün zur ranggleichen Bedeutung. Farbe ist zweitrangig, die Form dominiert.

Anwendung:
Als Schmuck im modernen, privaten Raum.

Technik:
Binden als Strauß. Stecken in Schaum oder Gitter. Freies Binden.

Werkstoffe: Jasminum officinale, Salix caprea, Papaver nudicaule, Muehlenbeckia complexa, Leucothoe racemosa

Anmutung:
Wie ein Stück blühende Natur. Kleine, mittlere, große Pflanzen mit wenig, mehr und vielen Blüten. Auch hier ordnet der Goldene Schnitt, die Gesetzmäßigkeiten der Natur weitergebend.

Anwendung:
Als Dekoration im modernen Raum, sehr reduziert und mit natürlichen Materialien eingerichtet mit Werkstoffen wie Holz, Stein, Roheisen, Keramik. Präsentiert in schlichten Gefäßen, die den natürlichen Standort der Pflanzen so unaufdringlich wie möglich ersetzen.

Technik:
Stecken in Schaum oder Kenzan. Steckgrund den natürlichen Bodenverhältnissen der verarbeitenden Blumen anpassen mit Steinen, Moos, Sand, Erde, Fasern, Flechten, bodendeckenden Kräutern, wie in der Natur.

Werkstoffe: Tulipa-Hybriden, Cornus alba sibirica, Xerophyllum asphodeloides, Viburnum tinus

Merke:
Der Einsatz von Werkformen ist eine sehr arbeitsaufwendige Floristik. Besonders sinnvoll bei Trocken-, Braut- und Weihnachtsfloristik.

Anmutung:
Stilisiert. Wie eine Skulptur. Durchbrochen. Umwickelt. Gebunden. Verbunden. Die Montage dominiert, wenige freie Floralien setzen Akzente. Durchgehend natürlich, dennoch etwas stilisiert und artifiziell. Seitlich unterschiedliche Proportionen (Asymmetrie). Hier dominiert die Werkform die Floralien, es geht aber auch andersherum.

Anwendung:
Als Gefäßfüllung. Als Straußarbeit. Als kleines, florales Accessoire im modernen Wohnraum. In seltenen Fällen auch in der Hochzeitsfloristik.

Technik:
Wickeln von floralen Fasern, Rinden, Wurzeln, Reben, Gräsern. Auch nicht-florale Werkstoffe möglich: Metallfäden, Wolle etc. in Verbindung mit einer floralen Grundform.

Merke:
Diese Arbeiten können sehr überraschend wirken. Dieser Effekt basiert jedoch nicht nur auf den Werkstoffen, sondern auch auf der ungewöhnlichen Kombination von Linienverlauf und Proportion.

Anmutung:
Insektenhaft. Deutliche getrennte Formen erkennbar; Bizarr, dünn, fallend. Zart und unaufdringlich in Volumen, Dichte und Farbigkeit.

Anwendung:
Diskreter Altarschmuck. Als Raumschmuck, auf Sideboards oder Fensterbänken. In frischer oder trockener Ausführung mit möglichst kontrastreichen Werkstoffen gefertigt.

Technik:
Stecken in Schaum. Freies Binden mit Rebdraht oder Bast. Hier: Equisetumstengel von innen mit Draht gestützt, dann geknickt. Orchideen, die nicht gut in Schaum stehen können, in Glas- oder Naturröhrchen stellen.

Werkstoffe: Curcuma, Phalaenopsis-Hybriden, Zantedeschia aethiopica, Equisetum palustre

Werkstoffe: Equisetum palustre, Senecio, Solanum, Sandersonia, Muehlenbeckia complexa

Anmutung:
Schräg. Aufgeschichtet. Wie ein Paket. Kompakt und dicht. Filigrane Balance durch Bewegung und Gegenbewegung. Blütenteppich, auf natürlichen Wasserröhrchen hochgestellt.

Anwendung:
Als spektakuläre und wirkungsvolle, aber raumsparende Tischdekoration für relativ kleine Flächen. Als Dekoration auf Buffets oder Sideboards. Frisch oder trocken gearbeitet.

Technik:
Stecken in Schaum. Kurze Floralien in Naturstiele oder direkt in Schaum stecken. Binden zum Paket mit Bast, Rebdraht oder anderen Hilfsmitteln.

Merke:
Diese überraschende Methode, „Wasserröhrchen" einzusetzen, erleichtert auch die Pflege, da überlaufendes Wasser vom Steckschaum und vom Gefäß aufgefangen wird.

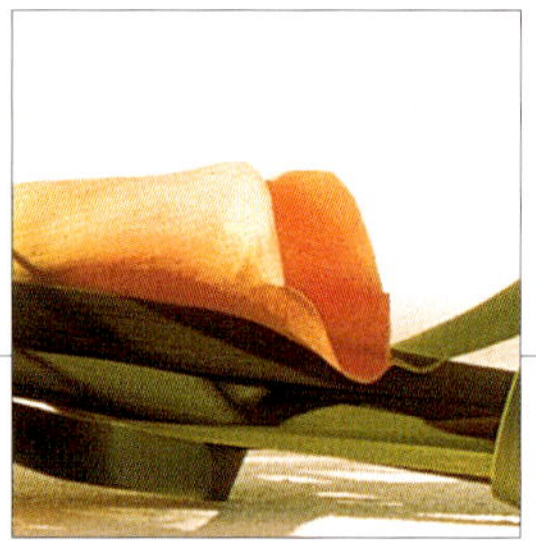

Werkstoffe: Ligularia japonica, Papaver nudicaule, Zantedeschia rehmannii, Aristea cyanea, Cymbidium-Hybriden, Euonymus europaea

Anmutung:
Zopfartig. Sich zu einer Seite fortbewegendes Ganzes, das dennoch einzelne Formdetails deutlich erkennen lässt. Eine Arbeit, der durch die Form der Wille zum Aufliegen, fast zum kriechenden Fortbewegen eingegeben ist.

Anwendung:
Als horizontal ausgerichtete Tischdekoration im modernen oder auch rustikalen Raum: Auf langgestreckten Möbeln und Raumelementen wie Buffets, Sideboards. Mit einer Vielzahl windender Werkstoffe ausführbar: lange Ranken, lange, elastische Blätter, Gräser, Wurzeln, Fasern.

Technik:
Stecken in Schaum oder Gitter. Freies Binden mit Rebdraht oder Bast. Freies Ineinanderwinden auf flachen Schalen, Tellern, Platten. In Kombination mit gelegten Floralien.

Anmutung:
Romantisch. Ruft Bilder an „früher" wach: alte Tore, alte Zäune, die berankt, abgetrocknet und wieder berankt sind. Der Begriff der Zeit wird sichtbar eingebracht: Altes, Verwittertes, durch die frische Pflanze wiederbelebt.

Anwendung:
Für Stimmungsbilder, Erinnerungen pflegend. Als Themendekoration auf Tisch, Buffet etc. Zum Unterstreichen bewusst nostalgischer, verwitterter Milieus.

Technik:
Pflanzen. Stecken. Wickeln. Binden.

Merke:
Nostalgie ist ein emotionaler Begriff und gehört nicht eigentlich in die Werkformen selbst hinein.

Werkstoffe: 'Rose von Jericho', Jasminium officinalis, Rosa-Hybriden, Fallopia japonicum, Muehlenbeckia complexa

Anmutung:
Natur macht sich auf den Weg ins Jahr: Die ersten Sträucher blühen (Hammerstrauch), Tulpen brechen durch und suchen den Weg ans Licht, Gräser, Kräuter und freigelegte Wurzeln ranken und schlingen sich umeinander. Dies ist ein Beispiel für vegetative Gestaltung aus einem jener Länder, die nicht wie Mitteleuropa durch das Alpengebirge von wärmeren Zonen abgeriegelt sind. Diese Arbeit illustriert sehr schön, dass das Empfinden dafür, welche Kombination von Floralien in der vegetativen Gestaltung möglich ist, nach den regionalen Gegebenheiten differieren kann. In Australien etwa blühen Tulpen unter Palmen, daneben wachsen die prächtigsten Orchideen, und hohe Sukkulenten spenden ein wenig Schatten.

Technik:
Stecken in Schaum. Steckgrund mit natürlichen, der gezeigten Flora entsprechenden Materialien bedecken.

Merke:
Für die vegetative Gestaltung gibt es nicht nur die mitteleuropäische Sicht. Jedes „Florenreich" hat seine eigenen Regeln dafür, was miteinander wachsen kann.

Werkstoffe: Cestrum aurantiacum, Cryptomeria japonica, Hedera helix 'Erecta', Tulipa-Hybriden, Xerophyllum asphodeloides

Anmutung:
Wie zu einem Beutel oder einer herabhängenden Tasche gebunden. Konstruiert, mit einigen Blumen als Tragwerk. Durch eine florale Grundform in eine interessante Statik gebracht.

Anwendung:
Auf Säulen oder hohen Möbeln stehend. Diese Floristik ist auch in der Handhabung interessant: Stehen die Floralien in Wasserbehältern oder Gittern in der Grundform, so lassen sie sich des öfteren austauschen.

Technik:
Konstruieren in gebundene Grundform. Blumen in Röhrchen stellen oder Stecken in Schaum.

Merke:
Die Bewältigung statischer Probleme beim Verlassen der Basis aus Achse und Linie bedarf eines eigenen Lernprozesses. Doch ist das allmähliche Begreifen ingenieurtechnischer Prozesse und der Tragfähigkeit floraler Materialien neben dem Nutzen für das Handwerk auch eine interessante persönliche Erfahrung.

Werkstoffe: Cornus alba sibirica, Galax aphylla, Rhipsalis cassytha, Zantedeschia rehmannii, Phalaenopsis-Hybriden, Hoya linearis

Merke:
Diese Arbeit gehört nur bedingt in ein Buch über Gestaltungsgrundlagen, denn sie markiert den Übergang zu einer anderen wichtigen Grundlage des floristischen Berufs: Die emotionale Darstellung beim Umgang mit der Pflanze.

Anmutung:
Naturnah. Spontan. Lieblich. Romantisch. Poetisch. Ein kleines Idyll im Zeitgeist des Landhausstils.

Anwendung:
Im Geschenkbereich. Als Dekoration bei persönlichen, warmen, emotional wichtigen Anlässen.

Technik:
Stecken in Schaum oder andere organische Steckhilfen wie Gitter aus Zweigen, Kugeln aus Ranken, Bündel von Ästchen usw. Binden zum Strauß.

Merke:
Wuchsform poetisch

Werkstoffe: Hippeastrum vittatum, Tulipa-Hybriden, Lavendula spicata, Kalanchoe tubiflora, Jasminium nudiflorum, Muehlenbeckia complexa, Xerophyllum asphodeloides, Papaver nudicaule

Naturstudie

Die Fertigung von Naturstudien ist äußerst lehrreich für den Umgang mit Pflanzen und Pflanzenteilen. Dies ist weiterhin eine wichtige Station beim Erlernen floristischer Gestaltung.
Hier ein Versuch, diesen Prozess zu kategorisieren:

1.) Erlernen des Gestaltungsschemas und all seiner Konsequenzen.

2.) Studium des Wachstums und Nachbildung in Naturstudien.

3.) Beschäftigung mit Formen und Linien, Fertigung von Formstudien.

4.) Auseinandersetzung mit der emotionalen Aussagekraft von Pflanzen und Pflanzenteilen.

Werkstoffe: Viola wittrockiana, Helleborus niger, Hippophae rhamnoides, Pachysandra terminalis

Ich sage Dank:

- an alle Kollegen, Lehrer und tief Nachdenkende im Beruf – Menschen, die schon vorher an der Substanz dieses Buches gearbeitet haben und an die, die sie täglich in den Schulen verbreitet haben.

- an Ralf C. Stradtmann, meinem langjährigen Partner von der fotographischen Seite.

- an Sabine Homering, Grafik Designerin, die dieses und andere meiner Bücher gestaltet hat.

- ...und danke meinem Garten, der wieder mal von seinem Besten gegeben hat, um uns arbeiten zu lassen.

Ich widme dieses Buch Alfred Voss, der sich schon meiner Arbeit annahm, als sie sonst noch keiner sehen wollte, immer da war. Mich wachsen zu lassen und zu stutzen, wenn es nötig war. Ich danke ihm.

Gregor H. Lersch

Impressum

Herausgeber:
Donau Verlag Kriener & Potthoff KG, Günzburg/Münster, D 48155 Münster/Germany

Förderungsgemeinschaft Blumen GmbH im Auftrag des Fachverbandes Deutscher Floristen e.V. -Bundesverband-, D 45897 Gelsenkirchen/Germany

Konzeption und Floristik: Gregor Lersch, D 53474 Bad Neuenahr/Germany

Fotografie: Ralf C. Stradtmann, D 22299 Hamburg/Germany

Layout: Kriener & Potthoff, D 48155 Münster/Germany

Printed in Germany

Buchversand: Donau Verlag Kriener & Potthoff KG, Augsburger Straße 82, D 89312 Günzburg, Postfach 1154, D 89301 Günzburg, Tel.: (+049) 0 82 21/25 10 55, Fax: (+049) 0 82 21/25 10 44, E-Mail: Buchversand@donau-verlag.com

ISBN 3-87170-065-7

Stecken in Schaum

Seit über 40 Jahren ist OASIS in aller Welt Inbegriff von Qualität für Blumensteckschaum und Steckschaumartikel. Nur OASIS bietet diese Summe von Vorteilen, wie hohe gleichmäßige Qualität, beste Verarbeitungseigenschaften, Produktvielfalt, Umweltverträglichkeit, Kompetenz und, und, und. In eigenen Entwicklungslabors und in enger Zusammenarbeit mit führenden Floristen werden ständig neue Produkte entwickelt und bestehende verbessert.

OASIS bietet zudem eine breite Vielfalt an Formen und Größen – perfekt passend zu den zahlreichen Gesteck- und Gebindeanlässen des ganzen Jahres. Zu dem wohl weltgrößten Sortiment gehören z.B.:

- **OASIS Frischblumen-Steckschaum** – in vielen praktischen Formen und Größen, für optimale Haltbarkeit von Schnittblumen.
- **OASIS Trockenblumen-Steckschaum** – für alle Trocken- oder Seidenblumen, Gräser, Früchte, etc. Umweltfreundlich, mit nachwachsenden Rohstoffen hergestellt, kompostierbar.
- **OASIS Auto Corso und Oasis Brautstraußhalter** – das kreative Sortiment für die Hochzeitsfloristik. Auto Corso mit patentiertem Vakuumsaugnapf, Brautstraußhalter in verschiedenen Größen und Formen.
- **OASIS Bio-Serien** – für eine sichere, umweltfreundliche Trauerfloristik. Sargauflagen, Kränze oder Bouquethalter – alles 100% kompostierbar.
- **OASIS Foam Frames** – eine breite Vielfalt an Formen und Größen auf FCKW-freier Hartschaumplatte.
- **OASIS Primavera** – Steckschaum und Vase in einem, absolut wasserdicht zum Dekorieren und Präsentieren.
- **OASIS Practicals** – Hilfsmittel und Accessoires wie Pinholder, Tapes, Spray, Fix, Adhesive, etc. Ein umfangreiches Sortiment, das Zeit und Geld spart.

Merke:
Guter Steckschaum muss nicht teuer sein, sollte aber unbedingt qualitativ hochwertig sein. Deshalb geben Sie sich nicht mit der Kopie zufrieden, verlangen Sie das Original von OASIS.

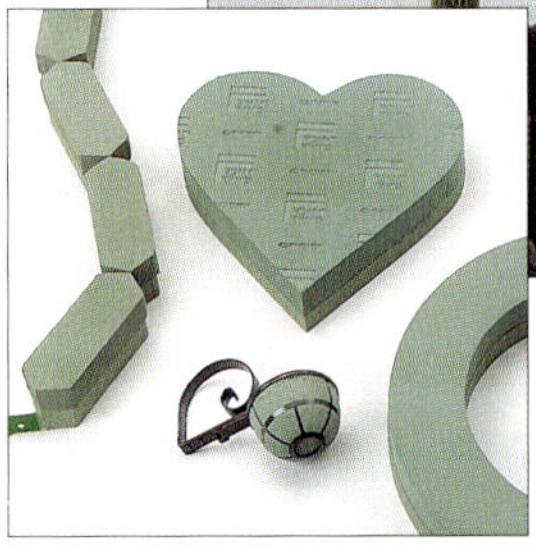